2021年天津市大中小学
中华传统文化系列活动集萃

中共天津市委教育工作委员会
天津市教育委员会 编
天津美术学院

南开大学出版社
天津社会科学院出版社

图书在版编目（CIP）数据

2021年天津市大中小学中华传统文化系列活动集萃 / 中共天津市委教育工作委员会，天津市教育委员会，天津美术学院编. -- 天津：南开大学出版社：天津社会科学院出版社，2023.1

ISBN 978-7-310-06340-6

Ⅰ．①2… Ⅱ．①中… ②天… ③天… Ⅲ．①社会科学－文集 Ⅳ．①C53

中国版本图书馆CIP数据核字(2022)第219977号

版权所有 侵权必究

2021年天津市大中小学中华传统文化系列活动集萃
2021NIAN TIANJINSHI DAZHONGXIAOXUE
ZHONGHUA CHUANTONG WENHUA XILIE HUODONG JICUI

南开大学出版社
天津社会科学院出版社 出版发行

出版人：陈 敬

地址：天津市南开区卫津路94号 邮政编码：300071
营销部电话：(022)23508339 营销部传真：(022)23508542
https://nkup.nankai.edu.cn

英格拉姆印刷(固安)有限公司 全国各地新华书店经销
2023年1月第1版 2023年1月第1次印刷
787毫米×1092毫米 16开本 19.5印张 250千字
定价：78.00元

如遇图书印装质量问题，请与本社营销部联系调换，电话(022)23508339

2021年天津市大中小学
中华传统文化系列活动集萃

编 委 会

主　　任：孙志良
副 主 任：董洪霞　　杨　明
委　　员：满　荣　　苏　丹

执行主编：史雅宁　　赵　旭
编　　辑：张　瑶　　马林榕

前 言

2021年是中国共产党成立100周年。百年征程波澜壮阔,百年初心历久弥坚。为深入学习习近平新时代中国特色社会主义思想,围绕庆祝建党百年,大力开展"四史"教育,教育引导广大师生在新时代自觉弘扬践行爱国奋斗精神,做爱国奋斗精神的传承者、党和国家事业的接班人、民族复兴大任的时代新人,增强学生传承弘扬中华优秀传统文化的责任感和使命感,中共天津市委教育工作委员会、天津市教育委员会、天津美术学院联合组织了全市大中小学中华优秀传统文化巡讲、"初心志不渝·翰墨书百年"庆祝建党100周年主题书法实践等系列活动。

全年活动得到了全市各级教育主管部门、各类学校的积极响应、支持配合,全市大中小学生均积极参与,取得了良好效果。为更好地传承中华优秀传统文化,全年共举办中华优秀传统文化专家巡讲活动百余场,来自我市戏剧、曲艺、音乐、书法、美术、民间艺术等各个领域的传统文化专家五十余人走进了大中小学校园,给师生们带来了中华传统文化的教育,得到了广大师生的积极响应。为深入学习贯彻习近平新时代中国特色社会主义思想,引领当代学生正确认识党的光辉历史,同时激发广大在校学生及人民群众书法创作热情,弘扬书法文化,还组织了"初心志不渝·翰墨书百年"庆祝建党100周年主题书法实践活动,本次实践活动以党史素材为书写内容,通过书写实践深入了解党的伟大发展历程。活动得到了全市学生的积极响应,共有万余名学生参与。

  为了使这些成果能够在全市大中小学校进行积极推广,我们将各学校总结的中华优秀传统文化巡讲工作成果及"初心志不渝·翰墨书百年"优秀软笔书法作品进行整理汇集,供我市各学校传承中华优秀传统文化工作使用。通过传统文化的传承活动,将学生思想政治教育与中华优秀传统文化相结合,教育引导广大师生在新时代自觉弘扬践行爱国奋斗精神,做爱国奋斗精神的传承者、党和国家事业的接班人、民族复兴大任的时代新人,增强学生传承弘扬中华优秀传统文化的责任感和使命感。

目 录

2021巡讲成果 大学组

天津师范大学 中华优秀传统文化巡讲成果 …………………… 003

天津中医药大学 中华优秀传统文化巡讲成果 …………………… 007

天津外国语大学滨海外事学院 中华优秀传统文化巡讲成果 …… 013

中国民航大学 中华优秀传统文化巡讲成果 ……………………… 016

天津外国语大学 中华优秀传统文化巡讲成果 …………………… 021

天津体育学院 中华优秀传统文化巡讲成果 ……………………… 027

天津商务职业学院 中华优秀传统文化巡讲成果 ………………… 032

天津工业职业学院 中华优秀传统文化巡讲成果 ………………… 035

天津传媒学院 中华优秀传统文化巡讲成果 ……………………… 039

天津城建大学 中华优秀传统文化巡讲成果 ……………………… 042

天津铁道职业技术学院 中华优秀传统文化巡讲成果 …………… 044

天津电子信息职业技术学院 中华优秀传统文化巡讲成果 …… 048

北京科技大学天津学院 中华优秀传统文化巡讲成果 …………… 050

天津科技大学 中华优秀传统文化巡讲成果 ……………………… 052

天津石油职业技术学院 中华优秀传统文化巡讲成果 …………… 055

天津现代职业技术学院　中华优秀传统文化巡讲成果 …………… 061

天津音乐学院　中华优秀传统文化巡讲成果 …………………… 063

天津机电职业技术学院　中华优秀传统文化巡讲成果 ………… 066

天津轻工职业技术学院　中华优秀传统文化巡讲成果 ………… 070

天津工艺美术职业学院　中华优秀传统文化巡讲成果 ………… 072

天津中德应用技术大学　中华优秀传统文化巡讲成果 ………… 075

南开大学滨海学院　中华优秀传统文化巡讲成果 ……………… 079

天津财经大学珠江学院　中华优秀传统文化巡讲成果 ………… 082

天津医科大学　中华优秀传统文化巡讲成果 …………………… 084

天津仁爱学院　中华优秀传统文化巡讲成果 …………………… 088

天津职业技术师范　大学中华优秀传统文化巡讲成果 ………… 091

天津医科大学临床医学院　中华优秀传统文化巡讲成果 ……… 094

天津农学院　中华优秀传统文化巡讲成果 ……………………… 098

天津公安警官职业学院　中华优秀传统文化巡讲成果 ………… 102

天津海运职业学院　中华优秀传统文化巡讲成果 ……………… 105

天津理工大学　中华优秀传统文化巡讲成果 …………………… 108

天津职业大学　中华优秀传统文化巡讲成果 …………………… 110

天津城市建设管理职业技术学院　中华优秀传统文化巡讲成果
………………………………………………………………………… 114

天津交通职业学院　中华优秀传统文化巡讲成果 ……………… 116

天津工业大学　中华优秀传统文化巡讲成果 …………………… 119

天津医学高等专科学校　中华优秀传统文化巡讲成果 ………… 123

天津理工大学中环信息学院　中华优秀传统文化巡讲成果 …… 126

天津市大学软件学院　中华优秀传统文化巡讲成果 …………… 130

天津生物工程职业技术学院　中华优秀传统文化巡讲成果 …… 132

2021 巡讲成果　教育局组

和平区教育局　中华优秀传统文化巡讲成果 ………………… 137

河西区教育局　中华优秀传统文化巡讲成果 ………………… 149

河东区教育局　中华优秀传统文化巡讲成果 ………………… 153

河北区教育局　中华优秀传统文化巡讲成果 ………………… 158

红桥区教育局　中华优秀传统文化巡讲成果 ………………… 161

西青区教育局　中华优秀传统文化巡讲成果 ………………… 173

东丽区教育局　中华优秀传统文化巡讲成果 ………………… 179

北辰区教育局　中华优秀传统文化巡讲成果 ………………… 183

静海区教育局　中华优秀传统文化巡讲成果 ………………… 188

武清区教育局　中华优秀传统文化巡讲成果 ………………… 193

宝坻区教育局　中华优秀传统文化巡讲成果 ………………… 196

蓟州区教育局　中华优秀传统文化巡讲成果 ………………… 201

滨海新区教体局　中华优秀传统文化巡讲成果 ……………… 209

宁河区教育局　中华优秀传统文化巡讲成果 ………………… 211

2021 巡讲成果　中职组

天津劳动经济学校　中华优秀传统文化巡讲成果 …………… 225

天津市第一轻工业学校　中华优秀传统文化巡讲成果 ……… 228

天津市体育运动学校　中华优秀传统文化巡讲成果 …………… 232

天津市劳动保护学校　中华优秀传统文化巡讲成果 …………… 236

天津市中华职业中等专业学校　中华优秀传统文化巡讲成果
………………………………………………………………………… 244

天津市红星职业中等专业学校　中华优秀传统文化巡讲成果
………………………………………………………………………… 249

2021 巡讲成果　书法实践活动

2021"初心志不渝　翰墨书百年"庆祝建党 100 周年主题书法实践活动获奖作品 ………………………………………………… 257

2021 巡讲成果

大学组

天津师范大学
中华优秀传统文化巡讲成果

为进一步学习贯彻习近平新时代中国特色社会主义思想,增强学生传承弘扬中华优秀传统文化的责任感和使命感,教育引导广大学子在新时代自觉弘扬践行爱国奋斗精神,做爱国奋斗精神的传承者、党和国家事业的接班人、民族复兴大任的时代新人,结合市教育两委《关于组织2021年天津市中华优秀传统文化系列活动的通知》要求,我校积极参加和组织相关活动,邀请传统文化领域专家学者开展中华优秀传统文化巡讲及相关实践展示活动。

一、讲好红色故事,赓续红色血脉

4月1日下午,我校在会议中心开展"奋斗百年路 启航新征程"红色光影讲座及观影活动。天津北方电影集团党委常委、副总经理方卫应邀为师生作讲座,方卫以生动直观、幽默风趣的讲述,向在场师生介绍红色电影的故事背景、人物形象、内容梗概和深远意义,希望通过经典的红色电影拉近时空距离,让青年人和广大师生党员感受到中国共产党人精神血脉的百年发展和传承,做到学党史、悟思想、办实事、开新局。

红色故事蕴含的是真善美，传播的是正能量。讲好红色故事，不仅是为了铭记历史，更是为了开创未来。师生们一起观看的革命历史题材影片《古田军号》，它以小见大，充满巧妙构思的电影以古田会议为历史背景，讲述了1929年红军从井冈山突围到闽西期间，毛泽东、朱德、陈毅等革命先辈带领红军，坚持思想建党、政治建军原则，坚守理想信念，坚持不懈探索革命真理，开辟中国革命成功之路的光辉历程。通过这次讲座和观影活动，师生们纷纷表示作为肩负着建设新时代重任的中流砥柱，我们生在和平年代也要传承红色基因，不断"明理增信，崇德力行"，学好用好党史，牢记肩上重任，在工作和学习中身体力行，坚守初心使命，发扬革命传统。

二、京剧名家进校园，红色经典"声"入人心

6月24日，由天津市教育发展基金会、天津京剧院、天津师范大学联合主办，我校美育研究中心、美术与设计学院共同承办的"庆祝中国共产党成立100周年京剧名家进校园红色经典专场演唱会"在我校音乐厅成功举行。

作为我校中华优秀传统文化巡讲的重要内容，本次现代京剧演唱会也是我校庆祝中国共产党成立100周年的重要活动，天津京剧院的艺术家们精心遴选"毛主席诗词"《红灯记》《智取威虎山》《沙家浜》《杜鹃山》等耳熟能详的现代京剧经典唱段，带领师生一起重温那段难忘的革命岁月，再现中国共产党团结带领全国各族人民不懈奋斗的光辉历程，既是一场盛大的国粹视听盛宴，更是一堂生动鲜活的党史教育课。师生观众通过欣赏现代京剧红色经典演出，增进对党的热忱情怀，以充沛的情感力量喜迎党的百年华诞。

近两个小时的演出精彩纷呈，京剧名家专场演出，拉近了高校师生与京剧艺术的距离，使师生能够在接受传统艺术熏陶的同时，品味中华优秀传统文化艺术的精妙和美感，夯实文化自信。师生在激情澎湃的唱段中，充分感受到中国共产党的革命先驱用生命和热血奠定新

中国建立的共产主义信念。

三、百日百讲"绘"党史，百年百事"旗"传承

紧密结合中国共产党百年奋斗史，弘扬和传承革命文化，引导师生将理论学习转化为实践成果。天津师范大学党委学生工作部组织开展了"献礼百年"辅导员100节"微党课"宣讲活动暨百节思政微课展示活动，突出"五个一"，即100名辅导员主讲，100名学生党员、积极分子担任助教，"一对一"专题指导，打造100节微课，形成一本党史教育案例集，为中国共产党成立100周年献礼；开展"百名党员颂英烈，砥砺奋进新征程""今天是'我们'的生日——我把历史上的今天讲给你听"党史故事宣讲活动，进一步在大学生中加强"三爱""四史"教育，引导学生学好悟通党在百年奋斗中的光辉历史、初心宗旨、伟大贡献、伟大精神和宝贵经验，号召广大师生讲述党的伟大成就，感悟党的革命精神，领悟党的奋斗历史，传承党的光荣传统，在党的非凡历程中汲取前行的力量。

系列中华优秀传统文化巡讲活动以讲座、观影、京剧欣赏、理论宣讲等丰富的形式，充分挖掘中华优秀传统文化的内涵，让师生们重温红色历史，铭记经典文化，汲取精神力量的同时，教育引导了广大师生从感性到理性、从自在到自为，主动学习、积极实践，浓郁了校园文化氛围，激发了师生弘扬中华优秀传统文化和主动传播正能量的热情，进一步增强了文化自信，加深了爱国情怀、奉献精神和奋斗活力。

天津中医药大学
中华优秀传统文化巡讲成果

一、中华优秀传统文化进校园活动之一

北京师范大学马克思主义学院副院长熊晓琳教授作题为"开天辟地，救国大业——红色音乐经典中的奋斗百年史"的专题讲座。熊教授以"没有共产党就没有新中国"歌曲开篇，从《北方吹来十月的风》到反映革命乐观精神的《毛委员和我们在一起》，分享了十首红色经典曲目和舞台剧。熊晓琳教授用一首首振奋人心的歌曲，以红色音乐串联起中国革命和建设的壮阔历程，带领师生回顾了一段段难忘的历史，从中国共产党艰辛探索、井冈山精神、长征精神、抗日战争到人民解放当家作主五个方面梳理历史模块，通过播放舞台剧"冷的铁索热的血"等剧目片段，真情再现了艰难的历史情境，让现场师生深受感动。现场师生纷纷表示，熊教授将抽象的理论和鲜

活的现实结合起来了,生动诠释了中国共产党发展的壮阔历程以及中华民族伟大复兴的光辉道路,以后要知史爱党、知史爱国,从百年历程中传承红色基因,为实现中华民族伟大复兴中国梦贡献青春力量。

二、中华优秀传统文化进校园活动之二

为进一步学习贯彻习近平新时代中国特色社会主义思想,庆祝中国共产党成立100周年,大力开展党史学习教育,教育引导广大师生在新时代自觉弘扬践行爱国奋斗精神,增强学生传承弘扬优秀传统文化的责任感和使命感,按照市委教育工委、市教委关于做好天津市大学生中华优秀传统文化高校巡讲工作的整体安排和要求,5月18日,我校开展了"中华优秀传统文化进校园"活动,邀请天津市曲艺团京韵大鼓表演艺术家杨好婕老师作"庆祝建党一百周年的曲艺节目欣赏"专题讲座,学工部负责老师、各学院一百二十余名学生代表现场聆听报告。

杨妤婕老师以曲艺发展史为脉络，引经据典、说古道今，为在座师生讲解了中国曲艺从先秦时期的萌芽到唐宋时期的成熟，再到明代出现的大说书家柳敬亭，从清代古代曲艺转变为现代曲艺的历史形成进程及其特点。杨老师还带领大家观赏了为中国共产党建党 100 周年献礼创作的《海棠花开》，为改革开放 40 周年创作的《春风遥》，以革命故事为背景的《六盘山上》，包括童谣、快板、单弦、京韵大鼓等多种艺术表现形式的《一路彩虹》等曲艺作品，让同学们感受到了优美典雅中不失通俗流畅的曲艺文学独特之美。

健康科学与工程学院赵馨诺同学表示通过此次活动领略到了中华优秀传统文化曲艺的魅力，感悟到了一段段曲艺中蕴含的思想观念、人文精神、道德规范，在轻松愉快、互动的氛围里感受、体验中华文化的永久魅力，今后一定要传承弘扬中华优秀文化。

本次活动激发了我校学生对中华优秀传统文化的浓厚兴趣,提高了语言和艺术鉴赏能力,对于引导大学生树立爱国情怀起到了积极的推动作用。我校将继续以传统文化教育为载体,结合党史学习教育,开展丰富多彩的校园文化活动,引导大学生发现中华文化之美,增强民族自豪感和文化自信。

三、中华优秀传统文化进校园系列活动之三

为将思想政治教育与中华优秀传统文化有机结合,引导广大学生自觉弘扬践行爱国奋斗精神,涵养文化底蕴,增强文化自信,传承弘扬优秀传统文化。6月2日,学工部组织开展中华优秀传统文化进校园系列活动之三,邀请国家非物质文化遗产项目"蔡氏贡掸"第四代传人蔡成浩老师做专题讲座,学工部负责老师、党员骨干"头雁班"、勇搏励志班学生代表一百五十余人到现场聆听报告。

讲座现场,蔡成浩老师讲述了非物质文化遗产"蔡氏贡掸"项目的历史由来,发展传承,十八道制作工艺和贡掸的种类。通过分享历史典故、民间习俗的小故事,生动讲解了鸡毛掸子的吉祥寓意和文化功能。更是通过介绍家族几代人的技术传

承和结合时代改良演变的探索，如何精益求精传承民族文化的过程，体现出了家族"匠心做掸子、精心拍掸子、良心卖掸子、初心传掸子"的《一世掸心》，以此来教育青年学生凡事要精勤不倦，要学真本领、练就真功夫，才能成就梦想。随后，南开大学优秀校友、传统文化爱好者张曦赜老师也从中医药文化角度与现场学生进行交流，通过自己对传统文化的不断了解和热爱，延伸到对祖国的热爱，号召同学们应该做弘扬传统文化的学习者、践行者，增强文化自信和制度自信，爱党爱国，把握时间，努力学习，掌握真本领，才能为国家和中医药事业发展贡献力量。

活动现场，蔡老师将亲自手工扎制的贡掸给大家进行展示互动，现场师生近距离接触到了独具匠心的鸡毛掸子，被它的独特制作工艺和散发出的中华优秀传统文化的深厚底蕴深深吸引，赞不绝口。

长期以来，学工部定期邀请"杨柳青年画、京韵大鼓、风筝魏、泥人张、传统书画"等中华优秀文化项目进校园,带领师生现场聆听领略中华优秀传统文化的博大精深,以文化人、以文育人,引导学生通过了解、学习传统文化,到热爱并传承传统文化,从历史的继承沿袭中汲取红色基因,增强文化自信,自觉弘扬践行爱国奋斗精神,将传统文化结合时代精神,融入学习生活中,切实增强民族自豪感。

天津外国语大学滨海外事学院
中华优秀传统文化巡讲成果

  为进一步学习贯彻习近平新时代中国特色社会主义思想，围绕庆祝中国共产党成立100周年，增强学生传承弘扬中华优秀传统文化的责任感和使命感，我院开展了系列宣讲活动。

  4月20日，我院邀请滨海新区文化馆朝阳公社朗诵艺术团举办"学党史 感党恩 跟党走"巡回宣讲活动，吸引了三百余名师生参加。活动在精彩的党史短片中拉开序幕。短片聚焦了许许多多的红色地标和共产党员英勇奋战的身影。通过观看短片，学生们共同回顾党史，树立"学党史 感党恩 跟党走"的精神信念。随后，艺术团的演员们带来精彩的朗诵，满含真情地讲述着党的奋斗历程。当讲到革命烈士慷慨赴义，壮烈牺牲时，泪水从脸颊划过，触动了学生们的心弦。学生们仿佛看到了在炮火中不断冲锋向前的红军战士，看到了在天寒地冻的雪地里坚强行走的身影，看到了保家卫国、舍己为人的人民英雄。活动后，同学们纷纷表示，今后一定会传承和发扬共产党人的优秀品质，为全面建设社会主义现代化国家而不懈奋斗。从党的百年奋斗历程、伟大成就中汲取智慧和力量，在党旗带领下扬帆起航，实现伟大理想抱负。

11月25日,邀请天津市公交集团第三客运有限公司驾驶员王艳同志来我院开展"不忘初心 方得始终"专题讲座。讲座中,王艳同志结合自身优秀工作经历,以优秀基层工作者的角度为同学们讲述了一堂生动精彩的劳动教育课。为了让乘客能够更加安全舒适乘车,她就悄悄地在脚下放了一茶缸子水,不盖盖儿,用来锻炼和衡量自己驾驶的平稳性;替车队同事着想,她主动请缨除夕跑车,并自费购买拉花、福字、灯笼、中国结……把车厢布置出年的味道;身为全国人大代表,她一直牢记自己的使命与责任,在车里设了建议箱,平时与乘客交流时注意收集记录大家的意见、想法,把老百姓关心的、遇到的问题带到全国人大会议上。二十六年来她紧握方向盘,用坚守换来幸福快乐,在小车厢里见证百姓的获得感、幸福感。通过这场精彩生动、内涵丰富的宣讲报告,同学们深深感受到"爱岗敬业、争创一流、艰苦奋斗、勇于创新、淡泊名利、甘于奉献"的劳模精神,并激励同学们在学习工作中,树

立正确的劳动观、就业观,学党史、忆初心,做新时代的追梦人。

本次系列宣讲活动让我院师生加深了对"四史"的了解,进一步增强了文化自信和民族自豪感。今后,院团委将继续为广大师生搭建中华传统文化交流平台,引导广大青年学生自觉传承中华优秀传统文化,使学生从中汲取营养,在今后的学习生活中,坚定文化自信,自觉担当弘扬中华优秀传统文化先锋队。

中国民航大学
中华优秀传统文化巡讲成果

4月22日，校团委邀请市委党校党史教育宣讲团成员、党史教研部杨肖副教授作题为"中国共产党的光辉历程及基本经验"的专题讲座。

杨肖老师从开天辟地、改天换地、翻天覆地、惊天动地四个篇章回顾了中国共产党在新民主主义革命时期、社会主义革命和建设时期、改革开放和社会主义现代化建设新时期及中国特色社会主义新时代的光辉历程和历史性贡献，总结了中国共产党领导人民开展革命、建设、改革的基本经验,引导同学们一步一步认识中国共产党的崇高政治理想和高尚政治追求。2021年是建党100周年,党史学习教育能够帮助青年学生们回望过去,瞭望未来,凝心聚力跟党走,不忘初心再出发。正如杨肖老师所讲"开展党史学习教育是以习近平同志为核心的党中央作出的一项重大决策,是党的政治生活中的一件大事,正当其时,十分必要"。他为同学们梳理了中国共产党的光辉历程和基本经验,内容翔实、脉络清晰、语言描述丰富形象,为同学们上了一堂生动的思政课。

4月23日,中国民航大学举办题为"中国共产党的百年奋斗历程"党史学习教育专题讲座。天津师范大学政治与行政学院乔贵平老师主讲,校团委冯如班学员、学校教师党员及团学骨干近三百人到场聆听。

乔贵平老师从"正当其时的党史学习教育""共产党人的百年奋斗历程"和"中国共产党百年历史总结"三方面，带领大家一起回顾党的百年历史。她指出，在"两个一百年"奋斗目标历史交汇的特别时刻，习近平总书记动员全党开展党史学习教育，具有让全党上下以全面自我认知、自我学习、自我发展的姿态团结带领广大人民群众奋力开创崭新历史的特别深意。党的百年奋斗历程是艰辛的，也是辉煌的，通过回顾党史，我们可以从中汲取经验，获得启迪。乔贵平老师按照历史分期的基本思路进行党史的学习和研究，将中国共产党历史划分为四个时期，分别为新民主主义革命时期、社会主义革命和建设时期、改革开放和社会主义现代化建设新时期、中国特色社会主义新时代，并进行详细的阐述。

空中交通管理学院2019级学生李新宇说："班级团支部近期开展了多次学习党史的主题团课，参加完这次讲座，我更加明白了中国共

产党从小到大,从弱到强,一路走来光荣与梦想同在,苦难与辉煌共筑。学习党史回首过去,才能更好地珍惜现在,展望未来,坚定自己的理想信念。我也将更加严格要求自己,积极学习光荣党史,从中汲取力量,并化为实际行动,思想上坚定不移跟党走,明白青年担当,学习生活中更加努力,争取能为祖国建设贡献力量。"

"我们学习党史的目的是什么?就是鼓舞斗志、明确方向、坚定信念、凝聚力量、启迪智慧、砥砺品格,走好新时代的长征路。""最后的一碗米用来做军粮,最后的一尺布用来做军装,最后的老棉被盖在担架上,最后的亲骨肉送去上战场。"5月7日,天津市委党校哲学部副主任万希平老师围绕初心为中国民航大学团学干部讲授了一堂生动的党史课。本次讲座由校团委主办、飞行分校团委承办,"严实"团校冯如班学员、飞行分校师生党团代表二百多人参加讲座。

万希平老师以"百年大党,初心如磐——解析中国共产党成功之道"为主题,从"中国共产党人初心的确立""中国共产党人初心的基因密码""新时代如何坚守中国共产党人的初心"三个方面详细解析中国共产党的初心,阐释中国共产党的成功之道。万希平老师带领大家回顾那段波澜壮阔而又艰难曲折的奋斗历程,讲述中国共产党团结带领中国人民取得的举世瞩目的辉煌成就,从小我到大我,从小家到大国。万希平老师讲道:"我们现在回忆中国共产党取得革命的胜利就是始终坚持把人民的利益放在中国共产党的最高位置。我们走得再远再长也不能忘记自己的本心。"

从中国传统文化、革命故事到时政要闻、普通百姓的日常生活,再到同学们的学习生活,万希平引经据典、旁征博引,诸多史实,信手拈

来。整场讲座内涵丰富,既富于理论性,又通俗易懂,为大家进一步深入学习党的百年历史、扎实有效开展党史学习教育奠定基础。

5月22日,天津市政协常委、武警天津总队原政治工作部主任陈强作"岁月静好需要一流军队来保卫·民族复兴需要强大国防作支撑"主题讲座,校院两级团学骨干二百余人参加讲座。陈强从"什么样的社会才是岁月静好的社会""什么样的军队才是世界一流的军队""什么样的国防才是保障复兴的国防"三个维度进行讲述,以翔实的史料和自己的体会,全面回顾中国共产党领导中国人民,为实现中华民族伟大复兴所进行的艰苦卓绝的努力与探索,以及所取得的胜利和辉煌。

陈强讲道:"我们不是生活在一个和平的世界,但我们生活在一个和平的中国。"从中国历史、革命故事到时政新闻,中外对比,无不告诉我们国防的重要性和跟党走的必要性。最后,陈强送给同学们一句话:"有时人们持枪远征,荒废了玫瑰园;有时人们沉迷园艺,家园却被铁骑踏平。"他表示,在那些伟大的故事里总是能看到人们手握钢枪,身后鲜花盛开。

天津外国语大学
中华优秀传统文化巡讲成果

2021年是中国共产党成立100周年，天津外国语大学高度重视学生思想政治教育和引领工作，以建党100周年为契机，结合学生特点全方位、多层次、系统化地开展了"礼敬中华优秀传统文化"系列活动。在全校范围内，党委号召、团委响应、党支部和团支部积极参与，通过理论学习、主题宣讲、服务实践、党团日活动、党课比赛等多种方式，讲述中国共产党辉煌壮丽的百年历史，弘扬革命文化、传统文化，凝练新时代爱国奋斗精神，引导青年学生树立和坚持正确的历史观、民族观和国家观，激发师生爱国、爱党、爱社会主义的热情，坚定听党话、跟党走，不忘初心、牢记使命，做党和国家事业的接班人、民族复兴大任的时代新人，唱响红色育人中的爱国主义主旋律。

一、活动开展情况

1.优秀传统文化"写出来"

学校邀请天津书法家协会会员、天津教育协会理事、天津南开区书法家协会副主席王健康老师进行书法与国学讲座，三十余名中国籍本科生、研究生以及部分留学生参加。王健康老师向学生讲解了古代著名书法家王羲之、王献之等的故事,现场展示了书法用笔规范、技巧等,为同学们分别用楷书和行书书写名字,留下了一份份珍贵的纪念。他于书法中讲解中华文化,向中外学生很好地阐述了书法蕴含的文化内涵,这不但强化了学生正确认识中华传统文化、学会讲好中国故事的技能,还有助于使学生成长为优秀的文化传播者。学校紧紧围绕立德树人根本任务,充分发挥中国特色社会主义教育的育人优势,编辑出版《为党育人 为国育才——天津外国语大学"十三五"期间"三全育人"论文集》,不断提升学生思政工作科学化水平。

2.优秀传统文化"比出来"

学校组织开展知识竞赛、文艺比赛,在竞赛中传承红色经典,弘扬优秀传统文化。组织开展了"党史百年大家学 不忘初心跟党走"知识竞赛和中华经典诵写讲大赛系列活动,通过校内初赛选拔,组队参加天津市教育系统党史学习教育知识竞赛,在比赛中展现天外学子良好的精神风貌。组织"最美歌声献给党,红色歌曲班班唱"班歌大赛、"追忆红色经典 礼赞建党百年"红色电影配音大赛等,教育引导广大青少年学生从党的非凡历程中深刻感受共产党人

顽强拼搏,不懈奋斗形成的一系列伟大精神,大力发扬红色传统,传承红色基因,汲取成才报国的不竭动力。

英语学院组织"献礼建党百年——党史学习教育专题测试"活动,检验师生党员党史学习教育成果,在全院范围内营造自学、互学、比学的浓厚氛围,提升学习效果;欧洲语言学院开展红歌合唱活动,激发了学生们的爱国情怀与奋斗活力;国际传媒学院举办"非遗"作品大赛、"声载国传情 歌咏青春志"班班唱、"恋恋中国字 浓浓中华情"汉字听写大赛系列活动,教育引导广大师生在新时代自觉弘扬践行爱国奋斗精神,做爱国奋斗精神的传承者、党和国家事业的接班人、民族复兴大任的时代新人;国际教育学院成功举办第九届"对外汉语桥"活动初赛、复赛、决赛及晚会,通过考试答题、模拟对外课堂、中外学生联合演出等形式,检验提高同学们的相关文化知识、专业水平及跨文化交际能力。

3.优秀传统文化"讲出来"

学校组织开展"我来讲党课——党的精神谱系之我见"大赛、"学史崇德——红色记忆永不褪色"党史故

事会大赛、"红色革命遗址"讲解员大赛等系列活动,在实践活动中增强学生"四个自信",提升"四个意识",理论与实践紧密结合,深化学习实效;开展信仰大讲堂系列活动,邀请"老劳模与青年学子面对面",受众学生超过三百人次,让有信仰的人讲信仰,分享革命故事,弘扬革命精神,引导广大学生筑牢信仰之基、补足精神之钙、培养爱国之情、实践报国之行;依托新生书单项目,举行"百年党史润书香 赓续血脉强信仰"2021级新生读书分享会,营造浓郁读书氛围;举办天津市中小学"初心如磐向未来"庆祝建党百年读书分享演讲决赛,引导学生了解党史,重温党的光辉历程,学习革命先辈的崇高精神,从百年党史中汲取智慧和力量。

例如,高级翻译学院在全院开展党史分享会活动,用绘声绘色的故事讲述共产党人带领群众脱贫攻坚的发展史,带领大家读懂共产党员的初心和使命,展示共产党员抛头颅洒热血,拯救国家于危亡,实现民族独立解放,启示全体师生牢固树立马克思主义信仰、坚定共产主义信念的重要性;英语学院开展"献礼建党百年——我身边的红色印记"活动,通过请老党员讲述革命历史故事,以一名普通群众的视角讲述在平凡岗位上做出不平凡贡献的优秀共产党员、先进党组织的感人事迹等方式,推动发现榜样、学习榜样常态化。

4.优秀传统文化"做出来"

发挥天津市大中小学思政工作一体化研究中心辐射作用,学校承办录制天津市"开学第一课——党的光辉照我心"电视公开课,使学生们接受了一次热爱党、热爱伟大祖国的教育,激发了爱党、爱国、爱社会主义的巨大热情,增强了民族自豪感和自信心;组织开展师生二十余人"重走长征路"实践体验活动、赴北辰区小淀金亭沙画工作室开展主题党日活动;组织学生参加"爱党报国铸军魂,立德树人展风采"庆祝中国共产党成立100周年天津市学校国旗护卫队展演,使学生在体验式学习活动中牢记党的初心和使命,展现良好的精神风貌和责任担当。

英语学院开展"不忘初心 践行使命"实践活动,青年志愿者协会走出课堂,参加图书馆特藏抢救、五大道景区讲解、自然博物馆讲解等志愿服务活动,将爱党、爱国、爱社会主义的热情化为实际行动,不忘初心、一路前行,践行青春使命;承办"'津和'共建谱新曲 教育援疆结硕果"天津教育援疆活动,搭建了"津和"两地英语教师共话共享教学智慧的新平台,是天津教育援疆的又一次丰硕成果;国际商学院走进利顺德看中华民族百年文化的伟大复兴,活动视频在市教委"易彩津生"融媒体平台展播,各融媒体平台持续进行专栏报道,引导全校师生了解党的光辉历史,感悟党的初心使命,领会党的创新理论,体认党的精神谱系,传承党的红色基因。

二、活动工作成效

通过活动帮助学生增强文化自觉和文化自信,也帮助学生深刻理解中国共产党领导和社会主义道路是历史和人民的选择,弘扬以爱国主义为核心的民族精神,传承民族气节,崇尚英雄气概,深化了爱国奋斗精神的研究阐释,总结提炼了学校改革发展历史中的爱国奋斗精神元素,有助于凝练新时代爱国奋斗精神的文化内涵和时代意义。这切实增强了同学们对党和国家奋斗的思想认同、情感认同、价值认同,也厚植了爱党爱国的情怀,使同学们愿意为国家和社会发展贡献自己的青春力量,传承信仰,知史爱党,初心如磐,争做新时代的新青年。

通过丰富充实的社会实践活动,引导学生开展志愿服务实践活动,激发师生创新创造活力、爱国奋斗激情,主动传播正能量,加强了学校与社区、中小学之间的联系,促进了传统文化和爱国主义精神在民众中的传播。学校还同时对系列活动加强宣传,及时在学校网站、各学院微信公众号等进行推送,扩大活动影响力,促进了社会实践活动的良性发展。

"礼敬中华优秀传统文化"系列活动的举办,不仅让我校学生对中华文化有了更丰富、更深层次的认知与理解,激发了更深厚的爱国热情,增强了对党和国家奋斗目标的思想认同、情感认同、价值认同,还学习到如何高效地对外传播中国故事、弘扬中国精神,同时也带领留学生等人士学习了相关文化及思想,促进中外学生相互交流,共同进步。

天津体育学院
中华优秀传统文化巡讲成果

按照市教育两委要求部署和学校工作安排,我校组织开展了三场中华优秀传统文化巡讲活动,育人效果良好。

一、巡讲活动回顾

2021年4月29日,以"京韵大鼓的古往今来"为题的中华优秀传统文化讲座在我校大学生活动中心报告厅开展,由天津市曲艺团鼓曲实验队队长、国家二级演员、杨凤杰之徒,"天津市戏曲进校园"特聘教师——夏炎讲授,我校三百余名学生代表参与了此次讲座。夏炎老师从"曲艺的内容、京韵大鼓艺术简介、京韵大鼓的古往今来"方面进行阐述,通过理论论述、故事分享、视频展示等方式向在场的学生介绍京韵大鼓的历史沿革及现代创新。京韵大鼓,中国曲艺曲种之一,由河北省沧州、河间一带流行的木板大鼓发展而来,形成于京津两地。河北木板大鼓传入天津、北京后,刘宝全修改以北京的语音声调来吐字发音,吸收石韵书、马头调和京剧的一些唱法,创制新腔,专唱短篇曲目。北京成立曲艺公会后,遂正式统一名称为"京韵大鼓"。夏炎老师介绍完京韵大鼓的历史沿革之后,在现场进行了京韵大鼓的小段展演,并配合讲解进行示范演唱,将现场气氛推向了高潮。夏炎老师与我校学生代表进行了现场互动,为大家讲述了京韵大鼓的着装要求以及穿戴方法,教授大家"书鼓"和"节板"的使用及演奏方法,并现场演绎了京韵大鼓名曲《百山图》,"碧天云外天外有天,天下的美景尽峰岚,兰桥以下倒有龙戏水,水底鳌鱼难呐把身翻,翻江搅海都是那些鱼鳖和虾蟹……"听着夏炎老师的精彩演唱,同学们仿佛身临其境,感触颇深。

2021年5月20日,以"百年党史中的评剧红色经典剧目"为题的讲座在我校大学生活动中心报告厅开展,由国家一级编剧、中国戏剧家协会会员、天津市评剧白派剧团艺术顾问赵德明老师主讲,特邀嘉宾天津市田园评剧团团长、评剧白派演员张健,天津市田园评剧团筱派演员张伟助演,我校三百余名学生代表参加。赵德明老师详细阐述了中国戏曲的起源与发展历程,向同学们介绍了中国古代戏曲文化百花齐放,各有所长的盛况,并详细讲述了"评剧四大名旦——李金顺、白玉霜、刘翠霞、喜彩莲"的生平事迹以及各自的唱腔特点和艺术风格,除此之外,还向同学们讲解了中国戏剧"载歌载舞、无中生有、讲究规矩"的三大特点和评剧的"四大流派"等相关知识。之后,张健、张伟老师结合赵德明老师的讲解对每一个流派作了示范演唱,使得同学们切实感受到了评剧的魅力。赵德明老师在讲座中多次表示,希望当代青年大学生积极弘扬中华民族优秀传统文化,亲力亲为,把中国戏曲文化发扬光大。

2021年6月3日,以"弘扬中华文化精粹,学习画好写意牡丹"为题的讲座在我校大学生活动中心报告厅开展,由天津市女子画院会员、天津工业大学博雅书院特邀讲师、天津市河北区政协书画院理事、天津市传统文化进校园优秀讲师冯宇锦主讲,我校一百余名学生代表参加。冯宇锦老师深入浅出地阐释了写意牡丹构图的辩证关系以及写意牡丹画的色彩搭配与协调,随后亲自作画演示,边作画边解释国画的重难点,一是画兽难画狗,二是画树难画柳,三是画花难画叶,四是画人难画手。在画面上花朵是主,但红花虽好,全靠绿叶扶衬。叶在章法上、气势上都有重要性,提出叶比花难画,完全对的。学画花卉,应先了解它的生理结构和特征。花朵可以勾好,较易着手,叶却要多多练习,用笔要"写",不是描,要一气呵成,一笔下去,不能稍有修改,或简直不能修改。冯老师边讲边画,画出的写意牡丹恣意盎然,气韵神合,一笔一毫之间无不彰显牡丹的雍容大度与清新俏丽。为了加深同学们的理解,冯老师还邀请了一些同学上前观看,并依次指导大家尝试了写意牡丹的独特画法,使同学们对国画有了更加深入的理解。

二、师生代表反馈

广大同学通过各位主讲人的讲解学习了相关传统文化的知识,现场的精彩展演让同学们更好地感受到具有深厚历史沉淀的中华文化的魅力,提高了自身的审美情趣与艺术修养,也在了解和学习传统文化的过程中感受到了戏剧、国画中的红色文化,进一步坚定了理想信念与文化自信,使学生在认知、体验的基础上,增强了学生自身的文化认同感和归属感。讲座结束后,大家纷纷表示会赓续共产党人的红色基因与精神血脉,积极弘扬中华民族优秀传统文化,为建功新时代贡献青春力量！

　　学校相关工作负责老师表示：文化是民族生存和发展的重要力量，传承和弘扬中华优秀传统文化是推进社会主义文化强国建设、提高国家软实力的重要内容，积极推动优秀传统文化传承体系的建设，对于新时代青年有着重要的精神指引。对当代青年学生进行传统文化教育，不仅有利于青年学生做好传统文化的传承者和传播者，而且有利于学生们在继承传统文化基础上不断创新并发扬光大，使文化薪火相传，历久弥新，不断赋予文化新的内涵和表现形式。未来，我校会继续加强与相关单位合作，邀请中华传统文化相关领域专家、学者开展巡讲，并结合实际开展主题实践活动，不断深化巡讲效果，增强育人实效。

天津商务职业学院
中华优秀传统文化巡讲成果

为迎接中国共产党成立100周年,引导广大师生自觉践行爱国奋斗精神,增强传承中华优秀传统文化的责任感和使命感,引领青年学生坚定文化自信。2021年5月7日下午,天津商务职业学院举办以"中国戏法的传承与发展"为主题的文化讲堂,邀请国家级非物质文化遗产传承人、天津杂技团戏法优秀演员肖桂森老师进校园设讲堂,为学校三百余名师生带来一场异彩纷呈的视觉盛宴。2021年6月9日,学校成功举办"庆祝建党百年 传承红色基因"相声专场讲座。邀请天津曲艺团副团长李梓庭老师到校为二百余名师生带来了一场精彩的曲艺盛宴。

"魔术主要是神奇,但戏法是戏,它里面具有它自己的文化内涵,每套戏法都像一个小故事一样,有头有尾。"肖桂森老师通过理论讲解、现场表演、视频展示等方式,幽默风趣地介绍古彩戏法的发源与传承,与师生分享传承人背后的成长故事,并现场表演"鸳鸯棒""三仙归洞""纸条变鱼""吉庆有余"等代表节目。精彩的落活和手彩儿,娴熟的技艺,口彩相连,令现场观众啧啧称奇,师生们近距离目睹"万般奇迹一袍成,千般奥妙两手中"的传奇,过了一把戏法瘾。

相声专场讲座中，李老师用幽默的语言、精彩的表演分享了天津曲艺团的历史与辉煌，并通过现场互动、播放视频等形式，让在场观众近距离感受到中华曲艺艺术之美，同时通过剖析曲艺价值，讲解曲艺所具备的包容性和灵活性，启发同学们对"文化自信"的思考，引导同

学们树立正确的价值取向,传播向上正能量,为实现中华民族伟大复兴的中国梦做出积极贡献。

天津商务职业学院"文化校园"建设将以此类活动为契机,持续开展中华优秀传统文化主题活动,落实"学史明理、学史增信",引领全校师生洞悉事物发展规律,从历史文化中汲取经验智慧和奋进力量,力求将文化自信根植于心,提高高校青年学生政治意识、提升高校教师文化素养,充分发挥高校内部引导示范作用,并利用传统文化资源形成精品课程,培养高校青年学生文化自信,引导大学生立志做爱国奋斗精神的传承者、党和国家事业的接班人、民族复兴大任的时代新人。

天津工业职业学院
中华优秀传统文化巡讲成果

为深入贯彻落实全国教育大会精神,大力开展"四史"教育,进一步学习贯彻习近平新时代中国特色社会主义思想,将大学生思想政治教育与中华优秀传统文化相结合,增强学生传承和弘扬中华优秀传统文化的责任感和使命感,教育引导广大师生在新时代自觉弘扬践行爱国奋斗精神,做爱国奋斗精神的传承者、党和国家事业的接班人、民族复兴大任的时代新人,天津工业职业学院于5月12日、5月26日分别邀请到"风筝魏"世家第四代传人魏国秋老师进行"'风筝魏'的历史传承与发展"专场讲座,中国曲艺界最高奖"牡丹奖"获得者、天津曲艺家协会副主席、快板书非物质文化遗产代表性传承人、国家一级演员、著名李派快板书表演艺术家李少杰老师做"如何用快板书讲好中国故事"专题讲座。

一、"'风筝魏'的历史传承与发展"专场讲座

魏国秋老师是"风筝魏"世家第四代传人,国家级非物质遗产项目代表性传承人,中国工艺美术大师,中国民间文化杰出传承人,天津市民俗文化学会会长。"风筝魏"是天津著名风筝艺人魏元泰制作的风

筝，故称"风筝魏"。

魏国秋老师生动形象地为我院广大师生介绍了风筝文化的相关专业知识，从相关传说、构造、派系等方面引导师生认识这门民俗艺术。接着，魏老师又为我们讲解了"风筝魏"的传人历史，从起源、历程、现状多方面详尽地为我们介绍了这一传统手工艺术珍品。讲座过程中，魏老师向大家展示并试飞了风筝，让同学们立体地、更深刻地认识了风筝，从而激发了大家对风筝艺术更加浓厚的兴趣。互动环节通过问答的方式，使同学们对风筝有了更全面的了解。

此次讲座让同学们对"风筝魏"技艺有了更深的了解，使在座的同学感悟到"风筝魏"的美，领略到"风筝魏"传统技艺的独特魅力，感受到"风筝魏"这一非物质文化遗产所蕴含的工匠精神，有助于活跃校园文化氛围，提高学生的艺术素养，进一步弘扬优秀传统文化，使其在继承中发展，在发展中继承。

二、"如何用快板书讲好中国故事"专题讲座

李少杰老师中国曲艺界最高奖"牡丹奖"获得者,天津曲艺家协会副主席,快板书非物质文化遗产代表性传承人,国家一级演员,著名李派快板书表演艺术家。

讲座期间,李少杰老师与在场同学亲切互动,同台演出,用生动形象的表演形式为在场的师生演绎了快板书这门艺术,使大家更加深刻地了解了中华优秀传统文化,了解了如何用快板书讲好中国故事。整场讲座生动、激情、充满正能量,在场师生通过聆听讲座感受到了中华优秀传统文化的魅力,纷纷感叹"老祖宗们留下来的好东西"是我们的国宝,作为青年一代必须增强责任感和使命感,大力传承弘扬中华优

秀传统文化。

习近平总书记指出:"优秀传统文化是一个国家、一个民族传承和发展的根本,如果丢掉了,就割断了精神命脉。"每一种文明都延续着一个国家和民族的精神血脉,既需要薪火相传,代代守护,更需要与时俱进勇于创新。我院通过开展传统文化进校园活动,引导大学生弘扬与传承优秀民俗文化,发挥了优秀文化的引领与塑造作用,坚定了文化自信,提高了我院师生的艺术和文化素养,提升了我院"美育"工作水平,促进了我院优秀校园文化建设,营造了良好的校园文化氛围,促进了校园精神文明建设,着力促进我院学生全面发展。

天津传媒学院
中华优秀传统文化巡讲成果

  为进一步学习贯彻习近平新时代中国特色社会主义思想，围绕庆祝中国共产党成立 100 周年，大力开展"四史"教育，教育引导广大师生在新时代自觉弘扬践行爱国奋斗精神，做爱国奋斗精神的传承者、党和国家事业的接班人、民族复兴大任的时代新人，增强学生传承弘扬中华优秀传统文化的责任感和使命感，我校于 2021 年 5 月 6 日、2021 年 10 月 25 日分别邀请了肖桂森老师、郭凤祥老师来我校开展中华优秀传统文化巡讲活动。

一、"学育相辅"为中华传统文化教育主渠道

我校始终坚持"优秀传统文化进校园",以此次肖桂森老师、郭凤祥老师进校园宣讲中华优秀传统文化为契机,以戏法、美术为开端,利用教育、教学资源,把中华民族特有的思维方式、价值取向、审美情趣、行为模式、德行素养和社风民俗贯穿到课堂,使学生们接受民族文化的熏陶,吸收民族精神的营养,力求将现代意识和传统文化融会贯通,培养既具有现代精神,又富有中华优秀传统的"现代人"。把坚持教育的"三个面向"与继承、弘扬我国优秀的传统文化结合起来,在推进素质教育中,坚持以中华优秀传统文化教育、中华经典美文诵读为载体,把中华传统文化渗透到校园生活之中。

二、以"我们的节日"为宗旨开展主题教育活动

我校以加强大学生思想政治教育建设为主旨,以社会主义核心价

值体系建设为根本,坚持贴近实际、贴近生活、贴近群众,坚持立足当地、因地制宜、就近就便,积极创新形式和载体,深入挖掘传统节日的文化和精神内涵,广泛组织开展"我们的节日"系列主题活动,宣扬中华优秀传统,营造关爱互助、安定团结、欢乐祥和的节日氛围,倡导文明和谐、实用节俭的现代节日理念。春节、元宵节、清明、端午、中秋、重阳等中华民族重要的传统节日期间,在全校组织开展经典诵读、节日民俗、文化娱乐、志愿服务和体育健身等丰富多彩的群众性活动,推动"我们的节日"主题活动深入开展。

三、扎实开展"中华经典诵读"活动

中华经典诗文是中华优秀传统文化的重要载体,其中蕴含着丰富的人生智慧和民族文化精髓。我校播音主持艺术学院通过深入开展"经典诵读"活动,以《弟子规》《大学》《论语》等经典篇目使广大学生了解、熟悉中华优秀传统文化,激发对祖国语言文字和优秀传统文化的学习热情,增强民族自信心和自豪感,进一步深化爱国主义教育,建设中华民族共有精神家园。我校扎实开展经典诵读比赛、诗文书画比赛、"读经典、悟经典"征文比赛、经典诵读先进班级评比等丰富多彩的活动。

活动的开展,丰富了学校的大学生思想政治教育工作内涵,推动了学校大学生思想政治教育工作的发展。师生的精神面貌得到较大的改观,良好的校风、学风、班风逐步形成,促进了我校学生思想政治教育的全面实施。

天津城建大学
中华优秀传统文化巡讲成果

为迎接中国共产党成立100周年,教育引导广大师生在新时代自觉弘扬践行爱国奋斗精神,做爱国奋斗精神的传承者、党和国家事业的接班人、民族复兴大任的时代新人,增强传承弘扬中华优秀传统文化的责任感和使命感,按照市委教育工委、市教委《关于开展高校"礼敬中华优秀传统文化"系列活动的通知》要求,学校全年开展2场中华优秀传统文化讲座。

5月14日,天津曲艺团副团长李梓庭老师来我校开展中华优秀传统文化讲座,李梓庭老师通过幽默的语言、有趣的故事、精彩的表演,展示了曲艺艺术的传承和发展,分享了天津曲艺团的历史与辉煌,

并通过现场互动、播放视频等形式,讲述了相声这门传统艺术的外在形态与内在精神,使师生们充分领略了中华传统文化的悠久历史和文化传承。现场欢声笑语,气氛热烈。

11月4日,学校邀请中国曲艺家协会会员杨妤婕老师通过腾讯会议的形式,线上开展了题为"庆祝建党一百周年的曲艺节目欣赏"的中华优秀传统文化讲座。杨老师以曲艺发展史为脉络,论述曲艺文学的形成发展及其重要作用,向在场学生介绍了曲艺、相声、大鼓等传统艺术的内容与区别,通过讲述经典曲目背后的故事,让学生更加深入地体会到了曲艺的魅力与底蕴。整场讲座内容丰富有趣,为在场学生带来了一场曲听盛宴,让学生不出校门就领略到了曲艺艺术的魅力。

传承红色基因,赓续精神血脉,增强使命担当,通过聆听中华优秀传统文化的专题讲座,同学们加深了对中华优秀传统文化的认识和理解,坚定了文化自信,纷纷表示会汲取传统文化中的精神力量,努力成长为有理想、有本领、有担当的社会主义建设者和接班人,自觉听党话、感党恩、跟党走,把爱国情、强国志、报国行充分融入实现中华民族伟大复兴的历史征程。

天津铁道职业技术学院
中华优秀传统文化巡讲成果

恰逢建党百年,正是薪火相传之时,青年更应该扬起理想的风帆前行。为贯彻落实习近平总书记关于弘扬优秀传统文化重要论述,促进人文素养与专业教育融合,提升学生综合素质,大力开展"四史"教育,培养青年一代的爱国之情、自豪之感,同时也为了增强学生传承弘扬中华优秀传统文化的责任感和使命感,2021年5月14日,天津铁道职业技术学院开展了"传统文化进校园"系列讲座活动。

学校是文化创造和传播的重镇,更是坚定学生文化自信的前沿阵地,坚定文化自信是有效开展思想政治教育的重要保障,只有开创新途径,将传统文化和宣传有效结合,充分发挥网络新媒体作用,才能营造良好的传统文化学习氛围,让广大青年学子知传统,爱传统,坚定民族自豪感,从而从多方面、多角度了解中国的百年风华,领略辉煌的历史诗篇,将个人理想信念融入国家发展伟业,从优秀的传统文化中汲取养分,切实增强对党和国家奋斗目标的思想认同、情感认同、价值认同,持续激发青年学生爱国爱党爱社会主义的巨大热情,增强"四个自信",坚持不忘历史,不忘初心。

为此,天津铁道职业技术学院特邀我院退休老教师、著名书法家陈启智教授和文学评论家周纪鸿老师莅临学院,为爱好书法与文学的青年学子围绕"如何学好书法"和"如何写好文章"推出专题讲座。

陈启智教授是中国书法家协会会员,中华诗词学会会员,国学大师启功先生的学生,也是天津市硬笔书法艺术院研究员。陈教授在书法学术领域成就卓著,出版过多部关于书法和古典文学方面的著作。活动现场,陈教授向学生们介绍怎样学写启功行书,融技法与文化于一体,启发同学们"写好书法必须临帖,字的结构至为重要",受到青年学子热烈欢迎。

作为我院的优秀毕业生,陈启智教授从字谈到人生,将书法与人生结合,透过传统文化及书法向青年学生们传递"应该如何做一个充满正气的人"这一深层价值观含义。党的十七届六中全会和党的十八大提出文化强国、文化大发展大繁荣的方针,这就将传统文化和文化自信相连接,而陈启智教授透过书法,将儒家思想加以辩证的引导青年学生学习,更从书法的各种字体中阐述历史的变化、书法的更迭,将

其中蕴含的其他许多的优秀思想加以讲解，让学生们通过这次讲座，深刻体会中华传统文化的博大精深，在其中品味优雅的人文主义、宽阔的胸怀、上善若水的气魄、兼容并包的风度等。

活动最后，陈启智教授向部分与会学生签名赠送2021年第4期《博览群书》杂志和《怎样学写启功行书》一书，并鼓励同学们在学习生活中要不忘初心，不忘理想。

而周纪鸿老师则结合自身的读书、写作和人生奋斗实践，讲述了写就一手好文章的重要性和方法论。他鼓励青年学生，写好文章必须要博览群书，还要有文化自信，包括国家自信、家乡自信、母校自信、家庭自信等，引起与会学生强烈共鸣。活动最后，陈启智教授、周纪鸿老师共同为我院图书馆捐赠图书。

通过此次活动，不仅将中华传统文化的种子播下，更有利于培养学生多种学术兴趣爱好，对建设校园文化、坚定青年学生"四个自信"以及厚植家国情怀起到有力的推动作用，同时这也是我院推动党史学习教育往深处做、往实处行、往心里走，广泛开展"我为师生办实事"实践活动的具体体现，在全院范围内掀起一股传统文化学习热潮。

为进一步巩固工作成果，让青年学子进一步了解中国传统文化，感受中华传统文化的魅力，我院将进一步加深巩固，将传统文化融入学校管理、课程建设、教育教学等各项工作之中，积极构建和谐校园文化；并且着力开展各类传统文化活动如经典诵读、古诗词唱诵、书法绘画比赛等内容，将传统文化教育融入学生生活，以润物细无声的方式固化教育成果；结合传统节日，让学生习民俗、懂民俗，结合主题教育活动，让学生在感受节日文化的同时，激发爱国情感。

"颂华夏，品经典，懂传统，强自信"，在未来教育中将继续不断大力推进传统文化教育活动，形成系列活动，创建先进典型，为学生的成长形成丰厚的文化积淀。

天津电子信息职业技术学院
中华优秀传统文化巡讲成果

为进一步学习贯彻习近平新时代中国特色社会主义思想，引导广大学生在新时代自觉弘扬践行爱国奋斗精神，坚定文化自信，增强传承弘扬中华优秀传统文化的责任感和使命感，5月24日和10月11日，天津电子信息职业技术学院分别请天津市曲艺团著名京韵大鼓演员夏炎老师和国家级非物质文化遗产传承人肖桂森老师为学院四百余名学生带来一场异彩纷呈的视觉盛宴。

夏炎老师和同学们分享了自己和京韵大鼓的故事，他以自身的经历激励全体学生寻找梦想、追求梦想、坚持梦想，不忘初心、牢记使命，用梦想的力量，点燃青春的激情，助推人生出彩。随后，他以京韵大鼓的发展历史，向同学们展现了传统文化所积淀的底蕴和魅力，更彰显了传统文化的博大精深，源远流长。最后，讲座在夏炎老师京韵大鼓的表演中结束，表演精彩绝伦，全体学生赞不绝口。

肖桂森老师以"中国戏法的传承与发展"为主题，通过理论讲解、现场表演、视频展示等方式，幽默风趣地介绍古彩戏法的发源与传承，与师生分享传承人背后的成长故事，并现场表演"白纸变钱""仙人脱衣""六连环"等经典戏法。

中华优秀传统文化进校园巡讲活动是学院文化育人的重要载体，也是大力开展"四史"教育的重要活动之一。通过此次活动，学生们领略了中国古彩戏法的精彩，收获了精神上的愉悦，更加感受到老艺术家对戏法技艺的热情，对文化传承的责任担当，同学们纷纷表示今后要自觉弘扬中华优秀传统文化，立志做爱国奋斗精神的传承者、党和国家事业的接班人、民族复兴大任的时代新人。

北京科技大学天津学院
中华优秀传统文化巡讲成果

为进一步学习贯彻习近平新时代中国特色社会主义思想，将学生思想政治教育与中华优秀传统文化相结合，引导广大师生在新时代自觉弘扬践行爱国奋斗精神，增强学生传承弘扬中华优秀传统文化艺术的责任感和使命感，我院学生处特举办中华优秀传统文化巡讲活动。本次活动邀请到戏法表演艺术家、国家级非物质文化遗产传承人肖桂森老师，讲座主题为"中国戏法的传承与发展"，参与人数达三百人次。

肖桂森老师结合自己多年的经验，通过理论讲解、示范表演、互动体验等方式，向同学们生动普及了戏法行当的基本知识、文化、历史，展示了戏法的舞台道具，示范了经典舞台动作及经典戏法选段《纸条变鱼》《三仙归洞》《鸳鸯棒》《高粱造酒》等。现场观众无不被精湛技艺和国粹艺术魅力所折服，同学们的参与热情随着巡讲内容的深入和互动性体验活动的开展不断高涨。

此次讲座为同学们提供了一个接触传统文化的窗口，让同学们在实践中领悟中华优秀传统文化的博大精深，不断增强中华优秀传统文化的认同感。很多同学从此次的宣讲中感受到中国戏法中的奥妙，从中感受到了中华优秀传统文化的神奇之处，充分调动了同学们对于中国优秀传统文化的兴趣。继承发扬中华优秀文化、增强文化自信,是我们每一个人的共同责任和义务,需要我们每一个人积极传承、身体力行。下一步,我院将持续举办优秀传统文化系列活动,充分调动师生的参与积极性,营造良好的优秀传统文化学习交流氛围。

天津科技大学
中华优秀传统文化巡讲成果

按照《市委教育工委 市教委关于组织2021年天津市中华优秀传统文化系列活动的通知》要求,天津科技大学邀请传统文化领域专家学者来校开展巡讲活动,取得良好宣传效果。

我校积极开展专家对接工作和宣传工作。为保证活动质量,提高活动覆盖范围,我校通过校园网、微信号等宣传平台发布活动通知,分两校区组织各学院师生广泛关注,并依托品牌活动"博学讲堂"开展中

华优秀传统文化巡讲活动,提高活动宣传效果。

2021年5月27日,我校邀请天津市民间文艺家协会主席、一级美术师、中国第五届工艺美术大师评委、文化和旅游部优秀专家、天津市委宣传部"五个一批"优秀人才傅长圣老师,国家级非物质遗产项目代表性传承人、中国工艺美术大师、联合国教科文组织授予民间工艺美术家、中国艺术研究院民间研究员、天津文艺新星、中国民间文化杰出传承人、天津市文艺家协会理事魏国秋老师分别做客两校区开展"博学讲堂"第69讲、第70讲。

傅长圣老师以习近平总书记的讲话引出主题,并从泥人张的历史发展、社会环境、艺术环境三个方面展开,为大家讲解了泥人张六代传人代表人物,以一组组生动的照片带领大家领略了泥人张的高超技艺;魏国秋老师从"风筝魏"的起源与发展、工艺特点、作品分类、传承与保护四个方面为到场师生进行了详细的讲解,并与到场师生互动交流。两场活动气氛热烈、收效显著。

我校已连续多年邀请剪纸、泥人、风筝、古琴等传统文化领域专家学者来校讲座,积极引导广大学生了解中华优秀传统文化,领悟中华优秀传统文化,传承中华优秀传统文化,在全校范围内营造良好的中华优秀传统文化学习交流氛围。本年举办的两场活动,使广大师生既增进了对中华优秀传统文化的热爱,也体悟到了中华文化中蕴含的匠人精神,增强了广大师生在新时代坚定"四个自信"的自觉,以及争做爱国奋斗精神的传承者、党和国家事业的接班人、民族复兴大任的时代新人的责任感和使命感。

天津石油职业技术学院
中华优秀传统文化巡讲成果

为进一步学习贯彻习近平新时代中国特色社会主义思想,庆祝中国共产党成立100周年,大力开展党史学习教育,教育引导广大师生在新时代自觉弘扬践行爱国奋斗精神,增强学生传承弘扬优秀传统文化的责任感和使命感,按照市委教育工委、市教委关于做好天津市大学生中华优秀传统文化系列活动的整体安排和要求,学院开展了一系列红色教育和传统文化教育宣传活动。

6月2日,我院开展了中华优秀传统文化进校园活动,邀请中国作家协会会员、教授级高级政工师金海龙老师做"讲忠诚勇担当做合格的新时代大学生"专题讲座,学工部负责老师、各教学系代表共一百六十余名师生现场聆听报告。

金教授围绕"什么是忠诚""什么是担当""忠诚和担当的关系"以及在传统文化中忠诚和担当对国家、民族的意义,在当今新时代下大学生该怎么做等四个方面内容,通过举例说明,从古到今,从不同角度阐述了忠诚和担当在中华传统文化中的发展历程,对国家、民族以及个人的深远影响。他希望大家在传承优秀传统文化时要目标坚定、方法正确,从我做起,不断培养文化自觉和文化自信,努力成为继承和弘扬优秀传统文化的新时代弄潮儿。

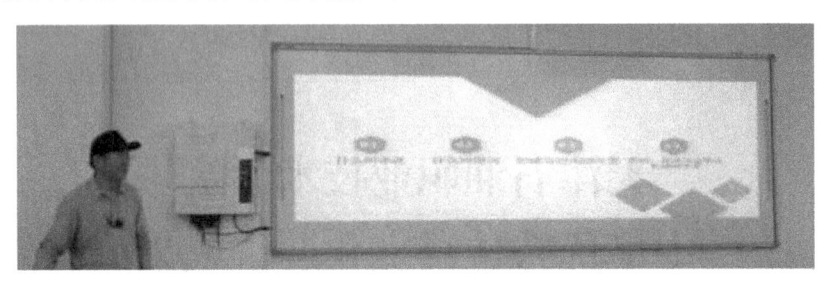

思想政治教学部刘纪英和张彦荣老师指导的课本剧参赛作品《俺不孬 也不是逃兵》是电子信息系代雪晴同学根据爷爷戴恩贤的亲身经历改编制作,作品叙写了大哥(戴恩贤)在部队的平凡故事,以大哥当兵前后的心境变化为线索,以本剧中的人物原型友情出演为亮点,将 20 世纪 60 年代军人的家国情怀和对党的忠诚真实展现出来,他们身上所体现出来的革命精神,永远是青年在前进道路上战胜各种困难和风险、不断夺取新胜利的强大力量。无论现在和将来,青年都要把理想信念的火种、红色传统的基因一代代传下去,让革命事业薪火相传、血脉永续。在学院的演出效果反响强烈,同时该作品获得 2021 年天津市高职院校"忆红色岁月 传百年精神"思政课本剧比

赛三等奖。

6月24日下午,天津石油职业技术学院大学生真人CS(军事模拟类真人户外竞技运动)训练基地"战火纷飞""硝烟弥漫",伴随着《飞跃大渡河》的音乐声,一群身着红军服装"持枪荷弹"的师生鱼贯冲上一排由汽油桶组成的"浮桥",试图突破对面"敌人"的"火力网",到达"大河"的彼岸……这是天津石油职院党委主办的"不忘初心忆长征薪火相传再出发"庆祝建党百年校园重走长征路特色实践党史学习教育暨特色思政实践课中"飞夺泸定桥"的拓展体验现场。

校园重走长征路特色实践党史学习教育利用学院求知广场、图书馆侧亭子、宿舍楼侧绿化带、塑胶草坪运动场、大学生真人CS训练基地、汽车实训基地等校内标志性场所,模拟设立"瑞金""血战湘江""遵义会议""四渡赤水""飞夺泸定桥""爬雪山过草地""激战腊子口""胜利会师"等红军长征重大事件发生地。学院党委书记赵爱民、院长韩福勇等党政领导以及党员干部、教师学生代表共计一百多人踊跃参加了

本次活动。华北油田公司党史学习教育第二巡回指导组屈子越同志全程参与活动并作点评。

活动组委会为参与者配发了红军服、"三八大盖""大刀""手榴弹"等服装道具。活动正式开始之前,在主持人强调完活动的重大意义和安全注意事项后,赵爱民书记为"四支部队"先后郑重授旗,之后学生演员伴着优美的音乐深情演唱了《十送红军》。

师生们在求知广场完成"胜利会师"后,学生腰鼓队、秧歌队进行了腰鼓和秧歌表演,烘托出胜利会师的喜庆氛围。广播站同学还现场朗诵了《七律·长征》。

天津石油职业技术学院"参与油田建设 锤炼石油精神"大学生社会实践暨慰问华北油田一线单位文艺巡演团先后到二连分公司、巴彦分公司、苏里格项目部和山西煤层气等单位开展系列巡演活动,10月8日,巡演团带着院校全体师生的深情厚谊走进二连油田,在二连分公司第十九届"草原油情"文化节闭幕式文艺晚会上,为现场三百余名干部员工送来了一场高水平的视听盛宴。

天津石油职业技术学院与华北油田"同龄",自1976年成立以来,为油田发展培养了大批技术人才,并在油田公司及各方支持下,于今年初步建成"万人大学"。此次文艺巡演是天津石油职业技术学院大学生"参与油田建设 锤炼石油精神"社会实践活动的重要内容,更是职院作为石油系院校,为助力油田发展、弘扬石油精神而开展的一次感恩石油、回馈油田活动。

演出在超燃歌曲《少年中国说》中正式拉开帷幕,歌曲《坚强的信仰》《石油工人有力量》等节目演绎了石油人为国家石油事业奉献青春的博大胸怀和崇高精神;《芙蓉雨》《舞动青春》《每一刻都是崭新的》等舞蹈令人眼花缭乱、美不胜收;《川剧变脸》赢得现场观众一次次欢呼和喝彩;分公司乌兰牧骑乐队演奏的马头琴《回想曲》,凸显出鲜明的游牧文化特征和独特的表演形式。

12月3日,天津市翔宇力仁学校小学部举办"传承红色基因 文化润泽童心"第三届校园文化节活动。天津石油职业技术学院国旗护卫队等学生社团成员受邀前来参演,将爱国主义教育和传统文化送给该校小学生。

在该校文化节的舞台上,学院文艺骨干们表演了情景剧《吉鸿昌矢志抗日 诠忠义死而不倒》、军体拳格斗术、川剧变脸三个文艺节目。同学们以良好的风貌、倾情的投入、精彩的演出赢得现场阵阵掌声,受到孩子们和该校老师们的一致认可和好评。

学院与邻近小学联合举办"参演小

学文化艺术节"社会实践活动,旨在深入贯彻天津市教育两委《关于进一步完善大中小学思政一体化建设沟通机制的通知》,切实做好高校学生服务中小学课后服务工作,搭建交流平台、增进职普融通,促进两校学生共同进步、成长成才。

习近平总书记曾指出:"每一代人有每一代人的长征路,每一代人都要走好自己的长征路。今天,我们这一代人的长征,就是要实现'两个一百年奋斗目标、实现中华民族伟大复兴的中国梦。'"在喜迎建党百年之际,学院大力开展党史学习教育,教育引导广大师生在新时代自觉弘扬践行爱国奋斗精神,增强学生传承弘扬优秀传统文化的责任感和使命感,其目的就是要创新党史学习教育形式、积蓄实现伟大复兴力量,为建成社会主义现代化强国和实现中华民族伟大复兴的中国梦而不懈奋斗。

天津现代职业技术学院
中华优秀传统文化巡讲成果

在喜迎建党100周年之际，为了传承传统文化，丰富科技文体节内涵，营造积极向上、和谐健康的育人环境，努力培养广大同学的综合素养，推进学生全面发展，2021年6月10日由学工部主办的"艺术家进校园"宣讲活动在报告厅举行，特邀中国曲艺家协会快板艺术委员会主任、天津曲艺家协会副主席、快板书非物质文化遗产代表性传承人、一级演员李少杰。到场的领导有纪委书记、工会主席韩淑君，学生处处长龙威林。

李少杰6岁起和父亲学习快板书，跟随王派快板创始人王凤山先生学艺三年，后又拜师高派快板创始人高凤山学艺，是全国唯一一位学习了高派、李派、王派技艺，集多家特长于一身的快板表演艺术家。1979年考入天津市曲艺团跟随王凤山先生学艺，毕业后任天津市曲艺团快板书演员，现任中国曲艺家协会快板艺术委员会主任，天津曲艺家协会副主席，快板书非物质文化遗产代表性传承人，一级演员。1997年，李少杰获全国首届快板书大赛一等奖，是中国曲艺界最高奖"牡丹奖"的获得者。作为非物质文化遗产的传承人，李少杰如今将工作的重心转移到教学，他创办的"竹韵斋快板书培训基地"从2000年起,已经招收了多期学员,从七八岁的孩子到七八十岁的老人,不分男女老少,只要喜欢快板书,都可以跟着他学习。

党的十八大以来,以习近平同志为核心的党中央高度重视中华优秀传统文化的传承与发展,引领我们一方面追本溯源、回归本真,去深刻思考中华民族发展的内在规律与精神源泉。

本次活动让全体师生再次领略到了中华传统文化的魅力,作为中华传统文化的传播阵地,学院一直肩负着非常重要的启蒙职责,弘扬传统文化,就要从小抓起,帮助学生认识和学习中华民族优秀的传统文化,让文化绽放光彩。

天津音乐学院
中华优秀传统文化巡讲成果

为进一步学习贯彻习近平新时代中国特色社会主义思想，围绕庆祝中国共产党成立100周年，大力开展"四史"教育，教育引导广大师生在新时代自觉弘扬践行爱国奋斗精神，做爱国奋斗精神的传承者、党和国家事业的接班人、民族复兴大任的时代新人，增强学生传承弘扬中华优秀传统文化的责任感和使命感，学院党委高度重视，学工部、各系组织学生积极参加天津市委教育工委、市教委举办的2021年天津市中华优秀传统文化系列活动。

2021年 天津市大中小学中华传统文化系列活动集萃

一、高度重视，精心组织

按照市教育两委《关于组织2021年天津市中华优秀传统文化系列活动的通知》文件要求，积极探索"艺术化思政"和"思政化艺术"相结合的双重模式，组织开展"礼敬中华优秀传统文化"工作成果征集、中华优秀传统文化巡讲、经典作品诵读和书法作品征集比赛等系列活动，教育引导广大师生自觉弘扬和践行爱国主义精神，切实增强传承中华优秀传统文化的责任感和使命感，为推进文化传承和发展贡献力量。

二、加强宣传，提质增效

2021年，共开展中华优秀传统文化巡讲2场，报送工作成果征集4类，在"传百年记忆，诵时代华章"诵读活动中荣获高校组二等奖，在"初心志不渝，翰墨书百年"主题书法实践活动中荣获硬笔书法高校组一等奖。同时，学院正式聘请赵德明老师为"天津音乐学院思想政治教育导师"并颁发聘书。此外，在日常思想政治教育开展过程中，结合重要节庆日以及中华优秀传统文化主题纪念日，如端午节、中秋节等，开展线上、线下思政主题教育活动，积极推广、传承中华优秀传统文化。

三、实践转化，成果运用

天音学子作为未来的文艺工作者，在学习中重视将文艺创作与中华优秀传统文化相结合，将党史学习教育与践行初心使命、传承优良传统、专业发展进步相结合，注重把追求和实现中华民族伟大复兴的中国梦作为文艺创作的时代主题,创作出更多更好的优秀作品。

　　近年来,我院高度重视中华优秀传统文化的传承和弘扬,积极组织学生参加天津市大学生中华优秀传统文化系列活动,取得的成绩充分展示出我院将音乐、智能与爱国主义教育相结合的独具特色的思政教育成果。学院将以此活动为契机,在学生中广泛开展中华优秀传统文化教育,提高学生的综合素养、培养健全的人格,积极探索"艺术化思政"和"思政化艺术"相结合的双重模式,以"艺术"带动思政育人的有效性提升,在推进文化传承创新发展中贡献力量。

天津机电职业技术学院
中华优秀传统文化巡讲成果

在中国共产党成立 100 周年之际，我校积极参与 2021 年天津市大中小学中华优秀传统文化系列活动，大力开展"四史"教育，教育引导广大师生在新时代自觉弘扬践行爱国奋斗精神，做爱国奋斗精神的传承者、党和国家事业的接班人、民族复兴大任的时代新人。为增强我校学生传承和弘扬中华优秀传统文化的责任感和使命感，我校分别在 2021 年度春季学期、秋季学期开展了 2 场中华优秀传统文化巡讲进校园活动。

一、基本情况

2021 年 6 月与 2021 年 11 月分别邀请天津曲艺团著名京韵大鼓演员夏炎老师和天津市曲艺团副团长、相声表演艺术家师胜杰弟子、青年相声演员李梓庭老师开展"中华优秀传统文化巡讲"专题报告会。报告会均为线下面对面授课方式，学校师生累计六百余人参加学习。

夏炎老师以"学好百年党史 争做时代新人"为主题，通过介绍曲艺的内涵以及京韵大鼓艺术的古往今来，结合党史教育为我们讲授了以中华传统文化与思政元素相结合的课程，学生们都被京韵大鼓的韵味深深吸引，特别是从心里滋生了爱国情怀。同学们纷纷表示，能够有机会了解传统文化，感受京韵大鼓的文化魅力，感到非常有意义，学习京韵大鼓的基本知识，加深了我们对美的理解和经典韵味的理解，更是教会了我们传承中华传统文化的方法。

李梓庭老师以"庆祝建党百年 传承红色基因 继承传统文化 打造相声——天津靓丽的名片"为题，以庆祝建党百年为契机，为我们分享了曲艺工作者的抗美援朝精神、抗疫精神等伟大精神，勉励在场大学生坚持发展中国特色社会主义文化，建设社会主义高度的文化自觉和文化自信。在教学过程中，李老师还通过快板学习体检环节放松了同学们的身心，展示了优秀中华传统文化的魅力。同时，李老师号召广大优秀的青年大学生加入传统文化的传承和弘扬的队伍当中，为增强我们的文化自信贡献出我们的力量。

二、深化传统文化宣传效果

我校在开展中华优秀传统文化巡讲活动的基础上,不断深化宣讲成果,在泥人、京剧、脸谱等传统文化沙龙的基础上,我校师生于2021年11月共同组织了电气学院传统文化周系列活动。文化周系列活动包括曲艺、扎染、编织、黏土手作、传统小游戏五个沙龙活动。

为满足同学们学习传统文化的热情,电气学院于11月11日特邀天津市曲艺团辛曲、张钧两位老师作为本年度曲艺沙龙活动的主讲老师,围绕"怎样才能说好相声"主题,首先从相声的功能与作用、专业相声演员的职责与职业道德规范、相声演员的基本功要求及训练方法、相声演员的角色定位与舞台意识以及相声表演的内容与格调等方面为同学们进行了深入浅出的讲解与释惑。

电气学院学生王朴和陈兆祥两位相声界的"小学生",也凭借一段原创的相声小段,勇敢地在相声界前辈面前进行了展示,两位同学成功逗笑了在场的观众并收获了专业老师的点拨,这也是机电学院新时代大学生传承中华传统文化的优秀示范者。最后,两位老师为现场同学带来了一个取材于校园生活的相声小段。大家听着身边耳熟能详的

段子,爆发出接连不断的会心笑声,现场气氛也随之推向了高潮。

通过中华传统文化进校园巡讲活动,我校全体师生都深刻认识到学校是文化创造和传播的重要阵地,是坚定学生文化自信的前沿阵地,同时,坚定文化自信也是有效开展思想政治教育的重要保障。我校通过中华传统文化进校园巡讲活动,积极引导师生大力弘扬爱国奋斗精神,把个人理想融入国家发展伟业,切实增强了学生对党和国家奋斗目标的思想认同、情感认同、价值认同。

天津轻工职业技术学院
中华优秀传统文化巡讲成果

为了增强广大青年学子对于非物质文化遗产传承与保护的理念和信心，增长专业知识，提高爱国情怀，深刻感受到非遗独特魅力。2021年11月30日，我们荣幸地邀请到了国家非物质文化遗产代表性传承人——霍庆有老师，来到天津轻工职业技术学院艺术工程学院开展杨柳青木版年画记忆、传承与发展的专题讲座。

杨柳青年画，全称"杨柳青木版年画"，属于木版印绘制品，其采用木版套印和手工彩绘相结合的方法，创立了鲜明活泼、喜气吉祥、富有感人题材的独特风格。2006年5月20日，该遗产经国务院批准列入第一批国家级非物质文化遗产名录。

霍庆有老师讲解了杨柳青年画的发展历史，又为同学们讲解了制作方法，并现场演示。同时，同学们在指导下亲自动手尝试套印画稿。在听了霍庆有老师的讲述以及实际操作后，同学们对文化遗产的理解更加深入。作为中国各族人民智慧的结晶，中国非物质文化遗产的创造过程始终与灿烂的中国文明历史进程紧密联系在一起，体现着人类文明的发达程度，显示了人类在思想和实践上所能达到的智慧高度。在中国文明进程中，这些非物质文化遗产为中国各族人民构筑起安身立命的精神家园,是全人类的珍贵财富,在世界文化宝库中享有崇高的地位。它所体现的思维方式、价值观念和行为准则等备受全世界的关注和重视。不同国家、不同民族的人们正日益深刻地认识到中华文化与世界和平、人类和谐和共同繁荣之间的密切关系,并借此翘望人类文明可持续发展的未来。

非物质文化遗产包含着影响社会现实、维护民族文化统一性的基因。中国非物质文化遗产所蕴含的浓浓中华之情,是促进民族团结、保持国家统一的坚实基础。保护和利用好中国非物质文化遗产有利于培育民族认同感,增强社会的凝聚力和创造力。

非物质文化遗产中贯穿着一条抵御时间销蚀力、保持民族文化连续性的血脉。中国非物质文化遗产所蕴含的中华民族的强烈认同感是超越社会变迁、维系情感交融的特殊纽带。保护和利用好中国非物质文化遗产有利于民族精神的凝结和绵延,对实现中华民族的伟大复兴有不可估量的作用和意义。

此次讲座普及了非物质文化遗产知识,使我们深刻感受到了非物质文化遗产是一个国家的历史记忆,也代表着国家的一种印记,让我们拥有一份文化自信和尊严。

非物质文化遗产是经过了多少岁月的洗礼和人文的考验,它们是我们的精神财富和文化能量,它们不仅是我们的文化身份标识,同时也给予我们一份文化自信和尊严,是中华民族的宝贵财富。文化遗产保护功在当代,利在千秋。在走向现代化的过程中,让我们行动起来,守住文化之根、民族之魂!

天津工艺美术职业学院
中华优秀传统文化巡讲成果

一、瓷刻艺术赏析

为进一步学习贯彻习近平新时代中国特色社会主义思想,围绕庆祝中国共产党成立 100 周年,引导青年学生肩负民族复兴的时代重任,做新时代中华传统文化的传承者,增强民族自信,2021 年 9 月 2 日,我院荣幸邀请到在天津民俗博物馆多年从事古代艺术、雕刻、书画、篆刻等艺术门类的研究及文物鉴定和修复工作的戴东涛老师,为我院工艺美术品专业学生带来一堂瓷刻艺术赏析。戴老师的篆刻作品畅销海内外艺术市场,其透雕葫芦艺术品和微雕刻瓷作品也在艺术界名家那里颇受好评。

戴老师从瓷器起源最早的青瓷到汝、哥、官、定、钧五

大官窑，及青花、五彩、斗彩、珐琅彩等五彩缤纷的瓷刻品的出现，再到瓷刻材料的选瓷特性、材料分类、技法和瓷刻工具的简介，以及瓷刻艺术的传承。戴老师告诉同学们，每一次雕刻都是一种追逐的开始，都是在与自己的梦想碰撞火花；笔下的篆刀每一划都凝聚着作者的辛勤劳作和汗水，需要每一位创作者坚守初心、不遗余力的付出，才能有所成就。

通过这次讲座，同学们看到了戴老师为艺术事业的无私奉献，更加明白了艺术坚守的不易，立志要为中华优秀传统文化的传承奉献自己的微热，勇担民族振兴的重担。

二、岔曲赏析主题讲座

2021年9月28日我院邀请到天津市文化和旅游局副研究馆员、文物保护处处长赵耀双老师进行"清代民间俗曲的活化石——岔曲赏析"主题讲座。

岔曲是从清代开始出现的一种俗曲，虽被列入国家级"非遗"名录，但相关的论著并不多，因此很多人不了解这一曲艺形式。其实，岔曲这门艺术不但具有文学性，还有音乐性和表演性，流传下来的岔曲曲词相当丰富，值得相关部门进行系统研究和整理。同时，岔曲的独特

起源使其具有多重属性：除了是传统韵文的一种，也是俗文学、民族文学的一种，与唐诗、宋词、元曲有着传承的关系，与满族也有着密不可分的联系，反映着特定时期的历史文化背景和人文价值，以其独特的呈现方式助益着中华优秀传统文化的传承。

此次讲座还梳理了岔曲的起源、属性、伴奏乐器、音韵、格律和分类等内容，用一些经典岔曲曲目如《七律·长征》《赞风》《秋声赋》《潇湘馆》等，以及一些由赵耀双老师自创的具有时代特色的岔曲，深入浅出地将岔曲的全貌阐述得淋漓尽致，带我们领略了中华优秀传统文化的广博和厚重。

文化是一个民族的血脉和灵魂。通过此次讲座，青年一代要明白传承中华优秀传统文化是重任在肩，是使命必达，要在坚守中创新，创新中超越，让悠久文明的精髓融入现代生活，提高自身修养，承担中华优秀传统文化传承先行者的责任。

天津中德应用技术大学中华优秀传统文化巡讲成果

为激发学生文化创新创造的活力和创造潜能全面提高自身的文化修养。让学生弘扬传承中华民族优秀传统文化。天津中德应用技术大学美育教育中心特邀郭凤祥于2021年9月24日莅临我校进行专题讲座:我学习绘画的体会——绘画中的红色回忆主题创作

郭凤祥老师1980年毕业于天津美术学院,现为中国美术家协会会员、天津画院原副院长、天津美术家协会理事、油画艺委会副主任兼秘书长、国家一级美术师。多年来从事油画、水墨画创作。主要作品有:油画《那个年代》入选第八届全国美展;油画《走向胜利》入选建党80周年全国美展;油画《太行春早》入选纪念毛泽东在延安文艺座谈会讲话发表60周年全国美展;油画《暖冬》入选第十届全国美展;水墨画入选中国画名家邀请展。众多作品在全国刊物上发表。

讲座中,郭凤祥老师谈古论今,旁征博引,讲述了油画怎样传来中国:中国油画最早起源于距今400年前,意大利天主教士利玛窦等人来华传教,把欧洲油画作品带进中国。明万历二十九年,利玛窦向明神宗朱翊钧所献礼品中就有天主像、圣母像等。这种精细逼真的绘画,使

中国画家感到惊异，但并未给予较高的艺术评价，也没有中国画家追随这种画法。到清朝初年，有许多擅长油画的欧洲传教士来华，并在宫廷供职。其中较著名的有意大利人郎世宁、潘廷章，法国人王致诚等。他们是中国宫廷内第一批外籍画师，曾受命绘制过多幅油画肖像。乾隆帝弘历曾命宫中选少年奴仆，随洋人学泰西画法（油画技法）。现存满族画家五德的纸本油彩山水画，便是这一时期中国画家的油画作品。

郭老师通过阐述自己的经历和绘画艰难的路程以及他坚持不懈的练习，才取得如此的成就，并告诫同学们，画画最重要的是排除躁气，重要的是过程和态度，实行起来是绘画要素的重中之重。随后又谈起自己对油画深刻的理解和精辟独到的见解，使同学们深受启发。此外郭老师还列举了《那个年代》《走向胜利》《太行春早》等画作为同学们分析了其中的精妙寓意，并传达出只有刻苦勤奋的人，才能画出好的作品。

讲座结束后郭老师参观了我校艺术学院的工艺美术专业五个方向的工作室和艺术品鉴赏实训室，并对我校工艺美术专业的作品多加赞赏。

为进一步贯彻落实伟大建党精神,深入学习习近平总书记七一讲话精神,弘扬中华优秀传统文化,提升大学生对传统文化的认知能力和审美能力,2021年10月22日天津中德应用技术大学美育教育中心特邀著名书法家唐云来莅临我校进行专题讲座——党史中的书法艺术。

唐云来老师曾任天津市书法家协会第三届主席,中国书法家协会第四、五、六届理事。现为中国楹联学会顾问,天津市楹联学会名誉会长,天津市文史研究馆馆员,一级美术师。

讲座开始前,校党委副书记董杰老师代表学校欢迎唐老莅临中德传播书法艺术。校团委副书记、美育教育中心主任刘杰老师向大家介绍了唐老师的艺术简历和成就,并简要强调了书法艺术在党史发展中和弘扬传统文化中的作用和意义。

在讲座中,唐云来老师向同学们分享了他学习书法的一些经验和心得,并着重从以下三个方面向同学们讲述了他理解的"党史中的书法艺术":

1.书法艺术的教育在弘扬中华优秀传统文化,坚定"文化自信"中肩负着重要的使命和任务;

2. 书法艺术是培养学生树立社会主义核心价值观和德智体美劳修为的重要载体;

3.书法艺术是增强文艺工作者践行文艺"双百"方针和坚持"二为"方向,提升"文艺为人民服务"的意识和能力的重要途径。

讲座中,唐老师通过列举分析具体的汉字构成、展示和讲解拓片、现场示范书写等方式使同学们在观摩欣赏的过程中进一步加深了对中国书法艺术的认知和感受,有效启发了同学们热爱书法艺术的兴趣。

在活动的最后,在场的同学就自己在书法中遇到的各方面的问题向主讲人唐老师提问,唐老师凭借着他渊博的知识、丰富的经验给在场提问的同学作了极其精彩的解答,全场不时爆发热烈掌声。

国学博大精深、历史悠久,几千年来一直是中国人安居乐业、安身立命之文化根基,也一直是中华文化的精神脊梁。中国之所以成为世界上唯一一个文化绵延五千年而没有中断的国家,正是因为有中华优秀传统文化作为支柱,这种文化自信一直贯穿于每个人的成长历程。这些传统文化的流传自然是希望我们可以一直代代相传,修身、齐家、治国、平天下,真正做到学以致用,温故而知新。

南开大学滨海学院中华优秀传统文化巡讲成果

美育是审美教育,也是情操教育和心灵教育,不仅能提升人的审美素养,还能潜移默化地影响人的情感、趣味、气质、胸襟,激励人的精神,温润人的心灵。美育与德育、智育、体育相辅相成、相互促进。

"优秀传统文化是一个国家一个民族传承和发展的根本。"每一种文明都延续着一个国家和民族的精神血脉,既需要薪火相传,代代守护,更需要与时俱进、勇于创新。我院通过开展传统文化进校园活动,引导大学生弘扬优秀民族文化,提高艺术和文化素养,促进当代大学生全面发展,进一步推动美育协同共建,发挥艺术的促进作用,让学生徜徉在美育教育中。该学期,我校分别举办了"从《四郎探母》看京剧人文精神"与"歌词的解读与欣赏"传统文化进校园活动主题讲座。

我院邀请到天津音乐学院教授、艺术管理系主任、硕士研究生导师杨雁行老师进行京剧传统文化的普及与教育。杨老师通过《四郎探母》的一些情节演绎、情感刻画、艺术成就等角度展现了京剧五大人文精神:人性内在张力的集中展现;缠绵、叹息为主的中国音乐审美特征;女性视角下的男人四大需求;趣闻话的积淀;缓急有秩,高低错落的音乐设置。两个多小时讲座过程中,杨教授旁征博引,妙语连珠,亲自演唱京剧更是将活动推向高潮。同学们认真聆听，积极参与互动，近距离地领略到了京剧艺术的别样魅力，对中华民族的优秀传统文化有了更加深刻的认识。通过讲座，同学们深深地感受到了京剧的独特魅力与人文精神，认识到国学的源远流长与博大精深。活动不仅提高了同学们欣赏京剧艺术的水平和文化修养，更是激发了同学们内心的爱国情感和民族自豪感，搭建京剧艺术与大学生之间的沟通桥梁。让京剧走进校园，让学生走进京剧，使中华优秀传统文化成为涵养社会主义核心价值观的重要源泉，通过体会和汲取中华民族几千年的沉淀和积累，真正让社会主义核心价值观内化于心、外化于行。

我院还邀请到国家一级编剧、词作家、天津文联原创作室主任、天津市音乐家协会原副主席、天津市教委艺术教育总监朱胜民老师进行歌词传统文化的普及与教育。朱老师通过好歌词要源于生活、要有真情感、要有意境、要有好歌名、要讲谋篇布局、要讲究语言、要有画面感、要讲究辙韵、要有歌唱性、要经常修改、要源于作者内心等十三个方面全面剖析了如何创作歌词。整场讲座朱老师声情并茂，内容翔实而有指导性，丰富了同学们有关歌词的知识，同学们还领略到歌词的独特魅力，感受到其奇妙艺术风采。

艺术的最高境界就是让人动心，让人们的灵魂经受洗礼，让人们发现自然的美、生活的美、心灵的美。我们要通过文艺作品传递真善美，传递向上向善的价值观，把培育和践行社会主义核心价值观融入学校美育全过程，根植中华优秀传统文化深厚土壤，汲取人类文明优秀成果，引领学生树立正确的审美观念、陶冶高尚的道德情操、培育深厚的民族情感、激发想象力和创新意识、拥有开阔的眼光和宽广的胸怀，引导人们增强道德判断力和道德荣誉感，向往和追求讲道德、尊道德、守道德的生活。只要中华民族一代接着一代追求真善美的道德境界，我们的民族就永远健康向上、永远充满希望。

天津财经大学珠江学院
中华优秀传统文化巡讲成果

2021年10月13日,中华优秀传统文化巡讲系列之"风筝魏"走进珠江学院。"风筝魏"世家、国家级非物质遗产项目代表性传承人、中国工艺美术大师、中国民间文化杰出传承人、天津市民俗文化学会会长魏国秋老师为我院师生带来了一场题为"'风筝魏'的魅力传承"的精彩讲座。

讲座上,魏国秋老师从历史传承、工艺特点、作品分类等方面对"风筝魏"作了全方位的介绍与讲解,分享了"风筝魏"走出国门,蜚声全球的精彩故事。"风筝魏"传承至今已过百年,风筝多取材于飞禽走兽、神话故事等,不仅结构精巧,还有很多吉祥的寓意,同时所有的部件都可以拆装、折叠,构造精巧奇妙。讲座中,魏老师带领同学们一起

绘制风筝，放飞风筝，让学生在实践中体验传统文化的独特魅力。

本场讲座将知识普及与文化体验融于一体，进一步激发了同学们持续关注了解中华优秀传统文化的热情，增强了同学们自觉弘扬中华优秀传统文化的责任感和使命感。

为弘扬中华优秀传统文化，提升学生的沟通表达能力，2021年10月27日下午，我院学生工作部在中和楼报告厅举办了"语言艺术的魅力"专题讲座。由市青联委员、演员、主持人马小川老师主讲，天津京剧院优秀青年演员李孟阳老师担任出场嘉宾，我院三百余名学生参加。

马小川老师从沟通表达在日常生活和工作中的作用、相声台词及曲艺唱词的精炼和美感、传承优秀的中国语言文字三个方面引领大家感受了语言的艺术和魅力。讲座中，"贯口、柳活儿、甩包袱"马老师信手拈来，嘉宾李孟阳老师精彩的戏曲表演也赢得了在场学生的阵阵掌声。两位艺术家深厚的语言艺术功底激发起学生们对中华优秀传统文化学习的热情，在交流环节中，相声社学生们踊跃上台展示自己才艺、虚心向先生请教，汲取营养，提升能力。

在场学生被传统语言艺术中的语言之美所吸引，被艺术家"台上一分钟、台下十年功"的毅力所折服，坚定了继承和传承中华优秀传统文化的信心。

天津医科大学
中华优秀传统文化巡讲成果

为进一步学习贯彻习近平新时代中国特色社会主义思想,围绕庆祝中国共产党成立100周年,大力开展"四史"教育,教育引导广大师生在新时代自觉弘扬践行爱国奋斗精神,做爱国奋斗精神的传承者、党和国家事业的接班人、民族复兴大任的时代新人,增强学生传承弘扬中华优秀传统文化的责任感和使命感,市委教育工委、市教委组织2021年天津市优秀传统文化系列活动。此次活动的主题是:"薪火相传百年路、青春扬帆正当时。"

2021年10月15日周五晚,由天津医科大学文化传承研究中心、天津医科大学美育中心、医学人文学院、天津医科大学学生处、天津医科大学团委共同举办的天医"文化活动日"如约而至,中国工艺美术大师、国家非物质文化遗产项目代表性传承人、"风筝魏"第四代传人魏国秋老师为天医同学们带来了题为"'风筝魏'的历史传承与发展"的专题讲座。天津医科大学各学院二百余名同学参加了讲座。

魏老师首先介绍了风筝的由来,并介绍了作为天津三绝之一的"风筝魏"诞生的故事。"风筝魏"的创始人魏元泰自幼在一家扎彩铺当学徒,为了提升扎风筝的技巧,魏元泰不断钻研,并借鉴自然界当中各类飞鸟鱼虫的形态与结构，并融合了各种彩绘手法，使得风筝不仅结实耐用，而且美不胜收。魏老师通过实例介绍的方式为同学们讲述了"风筝魏"不断的发展与传承，其中包括：1912年，魏元泰先生的十一件作品被当时的北洋政府选送美国旧金山，参加巴拿马太平洋地区万国博览会并获得了金奖，为国家争得了荣誉；魏国秋先生的作品被当作国礼赠送外宾，并被外国友人频频称赞，常常受邀进行国际文化交流等。

接着魏老师介绍了"风筝魏"制作的风筝所用的材料、结构、种类以及一些工艺技巧，"风筝魏"的风筝用料讲究，样式繁多，形象逼真，色调和谐，骨架使用卯榫结构，能拆散折叠，数丈长的风筝，能拆散放在一尺大小的盒子内或大信封里，邮寄携带都非常方便；同时风筝的上色融合了国画等美术元素，使得风筝在放飞时看起来栩栩如生。

魏老师强调，做好风筝主要靠创意，要在生活中善于观察，发现可以用于制作的元素，发掘现实中有哪些地方是可以借鉴的设计原理、新颖形象等；同时魏老师强调，要想做好风筝，就要认真仔细、一丝不苟，将风筝的核心骨架做到横平竖直，让风筝飞得更好！

在讲座的现场，魏老师带来了他制作的精美室内风筝，并和同学们亲切互动，魏老师将他带来的风筝作为礼物赠予了同学们，并现场进行了彩绘，现场热闹非凡，同学们争相参与。

室内风筝在室内即可放飞，魏老师进行了现场演示，并手把手教同学们如何掌握技巧，魏老师也在交流过程中介绍了放风筝的技巧，除了要掌握一定力度外，还要根据风力的大小选择不同的风筝，这样不仅能解决风筝飞不起来的问题，还可以获得更好的放风筝体验。

风筝看似简单,但要做好就要付出时间和心血,我们在学习与生活中不论是面对关山难越还是水到渠成,都要保持认真的态度,这样一定可以像风筝一样,步步登高,扶摇直上。

同学们表示,此次的讲座,不仅使自己体会到了天津"风筝魏"作为国家级非物质文化遗产的坚守与创新,更身体力行地践行了习近平总书记关于非遗保护传承工作重要论述精神,坚定了文化自信,增强了"保护好、传承好中华文化瑰宝"的决心和信心,相信在一代代人的努力下,非物质文化遗产一定能绽放出更加迷人的光彩!

2020级基础医学的李华凯同学感慨道:"风筝魏",天津特色文化之一,《天津文化通览》中我有所了解,当时感觉这门民间技艺已经离我们很遥远,我从未想过在学校能够近距离接触"风筝魏",接触魏国秋老先生,更未想到老先生能亲自指导我们制作小风筝、放风筝,让我充分感受到了"活着"的"风筝魏"文化,作为专家、泰斗的魏国秋老先生,亲切跟我们互动,教给我们风筝的上色技巧、放飞技巧,时不时给予我们鼓励。虽然只是短短二十分钟的制作,但在动手的过程中,我在不断思考,如何上色不会损伤风筝?上色怎么搭配?怎么留白?风筝如何平稳起飞?一个小小的风筝,引发了诸多的思考。而这些思考,体现的是我的兴趣,得到的是收获。真心地为举办这种类型活动的主办单位点一个大大的赞!

2020级基础医学刘志坤同学说:参加活动之前,我对风筝的历史文化没有什么了解,但是听了魏国秋老师的讲解,才发现原来风筝的做工如此精致,需要精细的手艺。还有一个个关于风筝的小故事,让人领略风筝文化的发展与传承,不禁感慨魏国秋老师一家对风筝的热爱与奉献。魏老师还通过提问方式来送给同学们小风筝。小风筝由魏国秋老师亲手制作，我有幸获得了一个，老师让我们自己涂色，绘制自己的风筝，看着蝴蝶花纹逐渐明艳起来，真的是无比激动，我们还上台放飞了自己的风筝！我右手拿着风筝，左手拿着控制风筝的小木棍，学着老师演示的那样挥舞，小风筝真的飞舞起来了。一只只"蝴蝶""老鹰"在台上翩然翻飞，惟妙惟肖，昭示着中国优秀传统文化的魅力。

2020级基础医学贾普同学感叹道：非常开心能有幸参加这样一个校园文化活动，去了解认识一项中国的传统文化——"风筝魏"。通过魏国秋老师的讲解，我对风筝的知识得到了进一步的扩充，也充分地明白了中华优秀传统文化的博大精深。通过了解风筝的制作工艺，也了解了制作者的创新以及精益求精的精神。作为一名医学生，我们也同样需要去学习这种精神，以更加认真的态度去面对我们的学习以及生活。

天医"文化活动日"系列讲座，将继续邀请史学家、文学家、戏剧家、书画家等专家学者，走进校园、走近大学生，丰富校园文化生活，提升大学生文化素养，引导他们树立正确的历史观、文化观，不断增强文化自觉和文化自信。

天津仁爱学院
中华优秀传统文化巡讲成果

为进一步学习贯彻习近平新时代中国特色社会主义思想,围绕庆祝中国共产党成立100周年,大力开展"四史"教育,教育引导广大师生在新时代自觉弘扬践行爱国奋斗精神,增强学生传承弘扬中华优秀传统文化的责任感和使命感,天津仁爱学院分别于10月15日、20日开展2021年"礼敬中华优秀传统文化"进校园活动。

10月15日,学校邀请到天津市民间文艺家协会主席、一级美术师、中国第五届工艺美术大师评委、文化和旅游部优秀专家、天津市委宣传部"五个一批"优秀人才,天津泥人张彩塑工作室主任傅长圣老师以"泥人张彩塑的历史沿革和艺术特征"为题做讲座。

"中华优秀传统文化是中华民族的精神命脉,是涵养社会主义核心价值观的重要源泉。"讲座伊始,傅教授以习近平总书记的讲话引出主题,并从泥人张的历史发展、社会环境、艺术环境三个方面展开。傅老师为大家讲解了泥人张六代传人代表人物,以一组组生动的照片带领学生领略了泥人张的高超技艺,其作品在栩栩如生的写实中融入夸张的手法,视觉冲击强烈,给学生留下深刻而生动的印象。到场学生纷纷表示,泥人张的作品是塑和绘的巧妙结合,运用白描手法展示给大家的是真实而有力的生命,只有认识中华传统文化、走近中华传统文化,才能爱上中华传统文化、传承中华传统文化。

10月20日,学校邀请了著名画家、天津市美术家协会会员、天津市女子画院会员、天津工业大学博雅书院特邀讲师、天津市河北区政协书画院理事、天津市传统文化进校园优秀讲师冯字锦老师。冯字锦随家翁"牡丹张"张锡武先生研习写意牡丹,在先生的亲传濡染下,深得其精髓,在保留了"牡丹张"画风的同时,又融入了个人对传统的创新与升华,形成了鲜明而独特的艺术风格,被画界誉为"冯牡丹"。讲座中,冯字锦老师通过自身学画的经历,讲解了牡丹国画的演变过程和"牡丹张"画法的特色特点。她告诫大家艺术不是一日之功,而是长期坚持积累、不断感悟提升的结果。为了让同学们领会技巧与精髓,冯老师在现场亲自作画。她笔墨技法娴熟,皴擦点染得法。在长期的学习、探索与实践中,冯老师不断总结,形成了一套完整的个人写意牡丹绘画理论。她的写意牡丹画不仅继承发展了传统中国画,又增加了新的技法与表现形式。

传统文化进校园活动的开展为师生提

供了一个接触传统文化的窗口,让学生们在实践中领悟中华优秀传统文化的博大精深,不断增强对中华优秀传统文化的认同感,营造了良好的优秀传统文化学习交流氛围。通过巡讲活动,增强了学生们的文化自信,丰富了校园文化建设,坚定了学生自觉听党话、感党恩、跟党走,把爱国情、强国志、报国行充分融入实现中华民族伟大复兴的历史征程的决心。

天津职业技术师范大学
中华优秀传统文化巡讲成果

为进一步学习贯彻习近平新时代中国特色社会主义思想,教育引导广大师生在新时代自觉弘扬践行爱国奋斗精神,持续深化爱国主义教育,弘扬中华优秀传统文化,铸牢中华民族共同体意识,增强学生传承弘扬中华优秀传统文化的责任感和使命感,根据《市委教育工委 市教委关于组织2021年天津市中华优秀传统文化系列活动的通知》文件要求,天津职业技术师范大学启动2021年天津市中华传统文化巡讲活动。

一、聚焦立德树人根本任务,培育特色文化

学校党委以习近平新时代中国特色社会主义思想为指导,深入学习贯彻习近平总书记对达娃等青年学子重要勉励重要指示精神,坚持以文化人、以文育人,注重典型示范、培育文化品牌、强化实践养成,建设文明校园。学校秉持"爱国、敬业、团结、创新"校训精神,强化"动手动脑、全面发展"办学理念,努力把学校建设成为锻造理想信念的熔炉、弘扬主流价值的高地、涵育中华文化的家园、滋养文明风尚的沃土。

二、做实文化浸润体系，创建品牌活动

邀请高水平团体（天津市曲艺团）和杨柳青年画"非遗"传承人霍庆有老师走进校园巡讲，让大学生与传统文化面对面，零距离体验，感受传统文化的魅力。开展文化建设活动中，在增强中华优秀传统文化自信中筑"根"，在增强对革命文化的自信中补"钙"，在增强对先进文化的自信中树"魂"。

三、深化校园巡讲成果，实现文化与服务育人双赢

重视第二课堂建设，积极组织学生参加校内外的各类文化实践活动，如天津市大学生中华优秀传统文化知识团队赛、天津市大学生人文知识竞赛、"新时代 实践行"、大学生暑期社会实践及校内学生社团开展的活动等，向学生全面展示传统文化魅力，引导大学生从优秀传统文化中汲取营养、传承经典，同时为学生搭建弘扬传统文化、展示自我的平台。

四、凝练总结提升，工作成果斐然

在开展中华传统文化巡讲活动的同时，学校积极开展第六届全国高校"礼敬中华"优秀传统文化系列活动成果征集，天津职业技术师范大学推荐的三项成果：《百年风华》党史教育宣传动画、两心先声党史故事汇讲述团、科普赋能学党史走"新"更入心特色鲜明，在全国高校思想政治工作网上进行展示推广。

通过中华传统文化巡讲活动的开展，引导学生自觉传承红色基

因,厚植爱国情怀,赓续精神血脉,增强使命担当,增强"四个自信",把爱国情、强国志、报国行自觉融入坚持和发展中国特色社会主义事业、建设社会主义现代化强国、实现中华民族伟大复兴的奋斗之中,做爱国奋斗精神的传承者、党和国家事业的接班人、民族复兴大任的时代新人。

天津医科大学临床医学院
中华优秀传统文化巡讲成果

一、成果基本信息

我院开展"字字香生翰墨筵"——赵红岩书法展。

为传承中华民族优秀传统文化,挖掘传统文化的当代价值,寻找传统文化与学生思想政治教育的契合点,进一步提升美育工作,学院学生社团管理与服务中心于 2021 年 10 月 21 日举办"字字香生翰墨筵"——赵红岩书法展。本次书法展邀请到天津市书法家赵红岩老师,为临医师生献上了一场笔墨交融的盛宴,各学系书法爱好者、翰墨书画社的同学们参加了本次活动。

我院开展"整体思维下,中医是怎样看病的——由一次会诊引发的思考"主题讲座。

为贯彻落实习近平总书记"传承精华,守正创新"的重要指示精神,弘扬中华优秀传统文化,传承中医国粹,不断坚定文化自信,同时为进一步拓宽医学生专业视野,培养其整体思维,学院于 2021 年 10 月 12 日举办"整体思维下,中医是怎样看病的——由一次会诊引发的思考"主题讲座。本次讲座邀请了天津中医药大学袁红霞教授担任主讲人。学院院长刘佩梅教授、副院长王维庆出席讲座,三百余名学生到场聆听。

二、活动基本思路

以习近平新时代中国特色社会主义思想为指导,全面贯彻党的教育方针,加强学院美育教育工作,增强艺术教育软实力,进一步优化育人环境,营造浓厚的校园人文教育氛围,提升学生的人文素养和综合素质,实现以美育人、以文化人,培养具有人文素养和美学精神的新时代青年。坚持以社会主义核心价值观为引领,强化学生经典意识,遵循辩证唯物主义和历史唯物主义,对传统文化取其精华、去其糟粕,遵循学生认知规律,贴近学生实际,坚持整体设计,科学合理布局,弘扬中华优秀传统文化,继承革命文化,结合我院学生专业特点开展形式多样的美育教育活动。

本次系列活动意义非凡,是以将传统文化传承工作落实到青年一代身上为重点,进一步学习贯彻习近平新时代中国特色社会主义思想,将学生思想政治教育与中华优秀传统文化相结合,以环境育人、以文化育人,提高我院学生对中华优秀传统文化的认识。为顺利举办此次系列活动,学院号召各学生组织积极做好布置会场、维持活动秩序并带领同学们积极参与等工作。此次系列活动丰富了我院的校园文化生活,为提高全院师生传承中华优秀传统文化的责任感和使命感起到积极的推动作用,营造了良好的校园文化氛围,使我院学生对传统文化又有了新的认识和了解,对博大精深的民族文化有了更强的共鸣。

充分发挥共青团工作优势,做好美育教育课堂延伸。加强我院天使合唱团建设,带动校园文化活动开展,提高校园活动品质。充分利用新媒体平台、校园广播站等宣传方式,面向全院学生普及艺术教育,铸牢中华民族共同体意识、提高学生的审美感知能力。加深学生的理论素养,培养造就文化底蕴丰厚、素质全面、专业扎实的青年学生,实现素质教育促进校园文化建设和发展。

三、活动开展情况

赵红岩书法讲座期间,同学们纷纷带来自己的书法作品,与赵红岩老师进行了深入的交流与互动。赵红岩老师深入浅出地向同学们讲解了他对书法、美学的理解。通过现场展示讲解了自己的书法作品,使同学们感受到书法的魅力。希望临医学子以优秀的中华传统文化为笔锋、以中华民族创未来的决心为力度、以中华民族伟大复兴的中国梦为色彩,在新时代的征程中挥洒出隽丽的青春笔画。

袁红霞教授在讲座期间与我院学生就中医药学的一些问题进行了交流和互动。袁教授以一次会诊为切入点,结合多个实际病例,从中医整体观的五脏一体、形神一体、天人一体三个方面,深入浅出地诠释了中医的整体思维,使现场的师生们深切感受到了我国中医药文化的博大精深。讲座结束后同学们流连忘返,纷纷与袁教授深入交流。

四、活动工作成效

本次为弘扬中华优秀传统文化举办的一系列活动,使广大青年学生坚定了文化自信,形成教育自觉。学院以组织参赛为契机,弘扬传统文化、传承民族精神,充分发扬国学知识的育人功能,引导学生更加全面准确地认识中华民族的历史传统、文化积淀、基本国情，认清中国特色社会主义的历史必然性，坚定走中国特色社会主义道路。促进学生对国学魅力产生新的认识，促使社会主义核心价值观教育和弘扬中华优秀传统文化完美融合，传承中华文明、发挥中华美德，让优秀的传统文化更好地走进校园，让学生全方位体验文艺之美，提升艺术修养，陶冶审美情操，产生了积极的影响。

五、活动推广计划

借举办大学生传统文化系列活动的契机，旨在掀起一股学习优秀传统文化的浪潮，优化我院师生思想理念，提高道德素质。以继承圣贤优秀的思想文化为基础，开拓创新，积极进取。未来的学习开展计划中，我院将继续积极为传承传统文化系列活动贡献力量，发挥临医人的共同智慧，将弘扬和发展中国传统文化与大学生思想政治教育相结合，通过多样化的形式，引导大学生找到历史归属感，增加学生民族自信心。

学院内部建设中也将持续领导临医学子从传统文化的传承创新中汇聚力量，引导大学生从优秀传统文化中汲取营养，发现中华文化之美，将文化自信根植于心，在延续民族文化血脉中不断前行。

天津农学院
中华优秀传统文化巡讲成果

文化兴国运兴，文化强民族强。习近平总书记提出了"兴文化"的使命任务：坚持中国特色社会主义文化发展道路，推动中华优秀传统文化创造性转化、创新性发展，继承革命文化，发展社会主义先进文化，激发全民族文化创新创造活力，建设社会主义文化强国。这为新时代文化事业的发展提供了根本遵循，指明了前进方向。

围绕庆祝中国共产党成立100周年，深入开展"四史"学习，我校开展了中华优秀传统文化知识系列讲座，讲座由我校园艺园林学院刘峄、张胜起两位老师担任主讲。刘峄老师和张胜起老师分别以"传统插花艺术辨析""中华传统文化传承与创新——杨柳青吉祥文化元素"为题，讲授了插花艺术的内涵剖析与魅力、杨柳青吉祥文化的起源和含义，并倡导同学们保护和发扬吉祥文化。

"传统插花艺术辨析"主要阐述了架构花束设计。架构根据实际用途整体划分为功能性架构和装饰性架构，架构花艺设计的恰当性和一致性非常重要，要求切实符合花艺设计的场所，人群及很多其他相关的环境因素，架构花艺设计更能考验花艺设计师对材料范围和种类的把握，也更能使花艺作品具有创意性。从线条、几何、重叠、层叠、缠绕、捆束、粘贴、交织、编制、装置等方式细致讲解架构在花卉艺术中的运用。强调构思设计的四大要素：时间、地点、目的、预算。其中制作的出发点尤为重要，即在什么时间使用、在什么场合使用、会取得什么样的效果、预算是多少钱。

在架构花束设计中灵感的来源有许多，所用植物材料和辅材等本身的质感、形态以及色彩等多方面的考虑；通过手工中常用的缠绕、编织、修剪、粘贴、打结等技法获取；除花艺设计中运用到的一些特殊的造型准则和规律，如黄金比例、整体比例、等量分割等的比例调和与对比外，也包括统一、均衡、韵律等基础设计布局理论；根据主题提炼关键词，在进行整理提炼出能表达情感的几个词，用花艺作品去表达，为了引起大多数人共鸣还得再体现情感特征的造型上下功夫；从生活方式、宗教、道德伦理、艺术以及一些风俗习惯等有助于获取；色彩对花艺设计的影响是巨大的，不同色彩会带给人千差万别的感受，其他如影视作品、作家名画等同样是获取灵感的一种方式。

刘老师表示架构设计需要学生实际操作训练动手能力，要确定灵感切入点，导出主要关键词，扩展关键词，思考和确立表现方法。当前社会现实中的架构花束设计现象，既有结合点的原因，也与结构有直接关系。因此，解决架构花束设计问题，既需要理顺关键，统一创新，制约诉求，也需要巩固有效性，逐步理念意识，更需要推进亮点，细化方法。只有这样，才能实现架构花束设计目标。

架构花束设计绝非一朝一夕之事，只有紧紧抓住地方这个"牛鼻子"，久久为功，善始善终，方能推动方式，为实现架构花束设计贡献力量！

2021年 天津市大中小学中华传统文化系列活动集萃

"中华传统文化传承与创新——杨柳青吉祥文化元素"主要讲述了吉祥文化的起源及应用,吉祥文化在人们追求幸福、美好、平安的愿望时,便被创造出来,是人类发展中的一个普遍现象,形式和内容因民族的传统习俗、文化背景而不同。吉祥文化在中国,吉祥符号、图案无处不在,无人不用。吉祥文化作用范围分类很广,其外在体现从部落图腾延伸到衣食住行;其内在的预示意义从直观美好愿望的简单诉求延伸并升华为预示着好运、幸福、长寿、子孙满堂等文化,从而构成了民族文化方阵中独树一帜的吉祥文化。远古时面对自然,消灾灭害,保佑平安,图腾符号是一个民族最初凝聚力的标志,是恩神、保护神,是吉祥的寄托。春秋时期已经有了吉祥语和吉祥物。"万寿无疆""南山之寿"等的记载,这是早期的吉祥文化,战国时期,吉祥文化内涵更丰富,出现许多吉祥物,表达避邪求吉的心理。

吉祥,按照字面的解释,就是"吉利"与"祥和"。古人云,所谓"吉者,福善之事;祥者,嘉庆之征"。《说文》中说:"吉,善也";"祥,福也"。吉祥就是好兆头,就是凡事顺心、如意、美满。因此古往今来,没有人不追求吉祥,趋吉避害,人皆有此心。而吉祥符号、吉祥物、吉祥图案就是人类创造出来的借以传达心声的道具。杨柳青镇有着千年文化底蕴,是中国北方历史名镇,荣获2005年中央电视台首届"中国魅力文化传承名镇"称号。明清时杨柳青即为中国北方地区民间艺术集散地,它孕育出了中国四大木版年画之首的杨柳青年画、享誉津京的杨柳青风筝和剪纸等民间艺术奇葩,杨柳青砖雕石刻、民间花会等也大兴。

同学们听完讲座后纷纷表示受益匪浅,中华优秀传统文化是一个民族发展的动力,是文明的创造力所在,只有立足于优秀传统文化之根,才能保证中华民族的持续健康发展,要做中华传统文化的学习者、传播者和践行者,爱党、爱国、爱农、爱校,思源奋进,努力继承和发扬中华民族的优秀传统文化,树立正确的世界观、人生观、价值观。

天津公安警官职业学院
中华优秀传统文化巡讲成果

一、中华优秀传统文化首场巡讲活动

为进一步增强学生传承弘扬中华优秀传统文化的责任感和使命感，大力开展"四史"学习教育，进一步教育引导公安院校学生在新时代自觉弘扬践行爱国奋斗精神，坚定文化自信，弘扬传统文化，根据市教委整体部署和工作安排，10月25日，学院邀请天津市民间文艺家协会主席、一级美术师、中国第五届工艺美术大师评委、文化和旅游部优秀专家傅长圣老师到校开展中华优秀传统文化宣讲活动。学生工作处有关负责同志以及师生代表九百余人参加。

傅长圣老师通过讲述天津"泥人张"彩塑的发展历程、形貌特征、艺术特征和美学意蕴，带领学生们领略了天津"泥人张"彩塑传承百年

的精湛工艺与独特魅力。讲座图文并茂、雅俗共赏,使学生们充分感受到天津"泥人张"彩塑背后的家国情怀以及文化艺术内涵。

学院将以此次活动为契机,为广大师生搭建中华传统文化交流平台,进一步引导公安院校学生自觉传承中华优秀传统文化,坚定文化自信,自觉弘扬践行爱国奋斗精神,做爱国奋斗精神的传承者、党和国家事业的接班人、民族复兴大任的时代新人。

二、中华优秀传统文化第二场巡讲活动

为进一步学习贯彻习近平新时代中国特色社会主义思想,将学生思想政治教育与中华优秀传统文化相结合,引导广大师生在新时代自觉弘扬践行爱国奋斗精神,增强学生传承弘扬中华优秀传统文化的责任感和使命感,按照市教育两委工作部署要求,11月2日,学院举办了中华优秀传统文化第二场巡讲活动。学生工作处邀请到戏法表演艺术家、国家级非物质文化遗产传承人、中央电视台《我爱魔术》《春节七天乐》、湖南台《天天向上》、天津台《鱼龙百戏》等综艺节目特邀嘉宾肖桂森老师进行了题为"中国戏法的传承与发展"的主题讲座。三百余名

师生聆听了讲座。

肖桂森老师结合自己多年的经验，通过理论讲解、示范表演、互动体验等方式，向同学们普及了戏法行当的基本知识、文化介绍、历史介绍，展示了戏法的舞台道具，示范了经典舞台动作及经典戏法选段《纸条变鱼》《三仙归洞》《鸳鸯棒》《高粱造酒》等。现场的学生们无不被肖桂森老师精湛技艺和国粹艺术魅力所折服，同学们的参与热情随着巡讲内容的深入和互动性体验活动的开展不断高涨。

此次讲座为同学们提供了一个接触传统文化的窗口，让同学们在实践中领悟中华优秀传统文化的博大精深，不断增强对中华优秀传统文化的认同感。

天津海运职业学院
中华优秀传统文化巡讲成果

一、"中国戏法的传承与发展"文化讲座

为庆祝中国共产党建党一百周年,增强学生传承弘扬中华优秀传统文化的责任感和使命感,丰富校园文化生活,2021年11月5日,学院邀请到国家级非物质文化遗产戏法代表性传承人肖桂森老师做了题为"中国戏法的传承与发展"文化讲座,三百多名师生在报告厅参加了本次活动。

肖桂森老师是天津戏法艺术家,中国杂技协会会员,中国魔术艺委会委员,天津市中青年德艺双馨文艺工作者。肖老师代表天津参加世博会、达沃斯论坛等重要活动的演出,是我国戏法领域代表性人物之一。

肖老师为在场师生介绍了天津戏法的技艺传承和绝活,并将历史

上取得的重大技艺成就做了简单展示和讲解,为师生们播放了《高粱造酒》《鸳鸯棒》《三仙归洞》等精彩作品视频,使同学们进一步了解中国戏法文化,更深入地感受戏法奥妙之美。

肖老师请现场学生上台互动,让同学们切身体会到戏法的神奇与精妙,同学们被肖老师高超的技艺吸引,现场发出阵阵热烈的掌声和笑声。讲座后,同学们纷纷向肖先生请教,表达了对传统中国戏法的喜爱和向往。

本场讲座让广大师生更深层次地品味到了中国传统戏法的魅力,感受到了中国曲艺的历史文化,在欣赏传统艺术的过程中陶冶了情操,提升了艺术修养。

二、"庆祝建党百年 传承红色基因 继承传统文化 打造相声——天津靓丽的名片"文化讲座

为庆祝建党百年,弘扬中华传统文化,丰富校园文化生活,2021年10月26日,党委学生工作部举办了优秀传统文化进校园活动。天津市曲艺团副团长李梓庭做了题为"庆祝建党百年 传承红色基因 继承传统文化 打造相声——天津靓丽的名片"文化讲座,近三百名师生在报告厅参加了本次活动。

李梓庭老师是天津市曲艺团副团长,国家二级演员,师从著名相声表演艺术家师胜杰先生。李老师讲解了天津市之所以能被称为北方曲艺之乡所蕴含的文化、群众基础,并以天津市曲艺团为例,声情并茂地介绍了多位天津本土曲艺名家的艺术成就。

李老师通过播放老艺术家们珍贵精彩的视频,通过现场讲述,使

师生们对相声表演艺术家马三立先生、京韵大鼓表演艺术家骆玉笙先生、天津时调表演艺术家王毓宝先生、快板书表演艺术家李润杰先生，相声艺术家赵佩茹、常宝霆、马志明、李伯祥、魏文亮、苏文茂、朱相臣、白全福等更加敬佩，精彩的表演征服了在场的同学老师。

李老师在现场教同学们练习快板，互动交流，同学们热情高涨，被中华优秀传统文化深深吸引。同学们纷纷表示愿意加入传统文化的传承和弘扬的队伍当中，为传播中华传统文化、增强文化自信贡献青年的力量。

天津理工大学
中华优秀传统文化巡讲成果

为深入贯彻全国教育大会精神,进一步学习贯彻习近平新时代中国特色社会主义思想,将大学生思想政治教育与中华优秀传统文化相结合,深入挖掘传统文化中所蕴含的胸怀大局、心有大我的爱国情怀,10月27日,天津理工大学2021年弘扬中华优秀传统文化巡讲报告会以腾讯会议直播的形式举办,各学院学生三百余人以直播分会场的形式参与聆听。

报告会邀请到国家级非物质文化遗产"戏法"代表性传承人、天津市杂技团戏法演员肖桂森和天津市美术家协会会员、天津市传统文化进校园优秀讲师冯字锦分别作题为"中国戏法的传承与发展"和"弘扬中华文化精粹,学习画好写意牡丹"的报告。

肖桂森老师结合自己多年的经验,通过理论讲解、示范表演、互动体验等方式,向同学们普及了戏法行当的基本知识、文化、历史,展示了戏法的舞台道具,示范了经典舞台动作及经典戏法选段《纸条变鱼》《三仙归洞》《鸳鸯棒》《高粱造酒》等,参与的同学们无不被肖桂森老师的精湛技艺和国粹的艺术魅力所折服。

冯字锦老师结合自己多年的艺术经验,给同学们讲述画画具备的几个条件：一是要喜欢；二是要眼巧心细；三是要手勤快；四是要大胆落笔，细心收拾。接着，从构图的辩证关系、色彩调配、牡丹的画法三方面介绍了如何画好写意牡丹。理论讲解过后，冯老师在直播课镜头前亲自为师生作画，几笔就已勾勒出牡丹之态，接着以娴熟的技巧赋予了牡丹独特的灵性与芬芳，实乃国色天香。作品完成后，耐心指导同学们鉴赏，带大家领略传统文化精髓。

报告会结束后，同学们表示此次讲座内容丰富、生动精彩，不仅增加了自己对于中华优秀传统文化的知识储备，还增强了当代青年学生的文化自信，让同学们在学习中领悟中华优秀传统文化的博大精深，不断增强对中华优秀传统文化的认同感。

学校将通过"弘扬中华传统文化巡讲报告会"系列活动，弘扬中国传统文化的独特魅力，陶冶学生情操，提高人文素养，不断提升学生对祖国和民族优秀传统文化的认同感，增强文化自信，延续中华民族文化脉络。

天津职业大学
中华优秀传统文化巡讲成果

天津职业大学按照市教育两委弘扬中华优秀传统文化的要求,邀请两位校外专家,举办了泥人张彩塑专题和京韵大鼓专题文化巡讲。

10月27日,校团委邀请校外专家,组织了2021年中华优秀传统文化巡讲,本次主讲人为傅长圣,主讲内容:泥人张彩塑的历史沿革和艺术特征。

傅长圣老师是天津市民间文艺家协会主席,曾任天津市文联第四届主席团副主席,一级美术师,中国第五届工艺美术大师评委,文化和旅游部优秀专家,天津市委宣传部"五个一批"优秀人才,天津市工艺美术大师。他有多项作品在市级以上项目参展获奖,多项作品现为天津市美术馆、日本大阪现代美术馆、中国美术馆等美术馆馆藏。

傅老师从泥人张的历史沿革和传承讲起,介绍了民间泥塑艺术家通过自己的创作和艺术实

践，丰富了中国雕塑艺术的内容，在中国雕塑史上占有重要的地位。在授课过程中，老师展示了很多代表性作品，这些作品都以人物塑造为主，形象生动、造型准确、形神兼备、色彩雅致，不愧为中华传统文化的瑰宝，其中还有国家一级文物。尤其是新中国成立之后，党和国家非常重视民间艺术，泥人张第三代传人还受到了党中央领导人的接见，张氏技艺由家庭小作坊发展成专业机构、社会性的艺术事业，泥人张彩塑被列入国家级、省市级非物质文化遗产名录，泥人张也成为家喻户晓的艺术品牌和国粹的象征。

通过傅老师的精彩讲解，同学们看到了天津本土艺术的魅力，看到了中华优秀传统文化的精髓，在赞叹之余，也理解了作为一个新时代大学生，拥有深厚文化底蕴的重要性，也明白了自己肩负着把民族优秀的文化传承下去的任务。同时，同学们也感受到了泥塑技艺与职业教育的共通之处，匠人们一代又一代接续付出，留下的不仅是一件件绝伦的艺术品，更重要的是，时刻专注、精益求精、追求卓越的工匠精神一直在传承，这也正是职业教育所要培养、学生所要凝练的最重要的精神。大家决心把今天讲座的收获运用到今后的学习当中，锻炼意志品质、涵育职业素养，争取全面提升。

京韵大鼓是中国曲艺曲种之一，由河北省沧州、河间一带流行的木板大鼓发展而来，流行于包括北京、天津在内的华北及东北地区，是中国北方说唱音乐中艺术成就较高的曲种，同时在全国的说唱音乐曲种中也占有相当重要的地位。2019年11月，国家级非物质文化遗产代表性项目保护单位名单公布，北京曲艺团有限责任公司、天津市曲艺团荣获"京韵大鼓"项目保护单位资格。

11月17日,邀请到了中国曲艺家协会会员、天津市曲艺团京韵大鼓青年演员夏炎老师,为同学们带来讲座"京韵大鼓的古往今来"。

夏炎老师是天津市第五届未成年思想道德建设先进工作者,天津市第八届少工委委员,曾荣获第六届中国曲艺牡丹奖新人奖入围奖,第八届提名奖,第十届入围奖,第十一届节目提名奖,新人入围奖,中国青少年艺术展演曲艺类青年组一等奖。天津市委宣传部颁发的"天津市戏曲进校园"特聘教师。代表作有《六盘山上》《雪域朝阳》《赵云截江》《活捉三郎》等。

夏老师从京韵大鼓的发展变化讲起,通过图片、视频等形式,详细介绍了曲艺这种历史悠久的独特艺术形式,从没有独立艺术地位的说唱艺术到中华全国文学艺术工作者代表大会定名为曲艺,也描述了文艺工作者从旧社会到新社会身份、地位的变化,表达了自己对中华优秀传统文化衷心的热爱。他通过视频唱段详细解读了各个时期京韵大鼓演唱风格的变化,也提炼出了京韵大鼓独有的神韵。在讲解过程中,他鼓励同学们多去接触、多去欣赏传统艺术,会让自己的身心变得更美,境界变得更高。

夏老师在讲座过程中还加入了互动环节,邀请现场观众上场尝试敲击京韵大鼓,同时手把手指导同学如何手持鼓槌和响板、如何在敲击时找到鼓点,以及身形、手势等细节。同学们跃跃欲试,想把握这次难得的体验机会,现场气氛十分热烈。

夏老师最后以一段京韵大鼓《百山图》结束了讲座,精彩的表演引得同学们掌声连连。他的展示让同学们看到了非物质文化遗产、北方曲艺代表的独特魅力,感受到了一个文艺工作者对中华优秀传统文化、传统艺术的热爱,更理解了艺术可以陶冶情操、美化心灵、提升品位、升华精神的真谛。

中华优秀传统文化巡讲活动是天津市中华优秀传统文化系列活动的重要组成部分,校团委在推动此项工作工程中,将中华优秀传统文化巡讲与戏曲进校园、"非遗"进校园等活动结合起来,突出美育教育,形式新颖、内容丰富,深受同学们喜爱。通过组织各类活动,提升全校同学的美育修养,后续也将通过比赛、讲座、课程等不同的活动形式加强美育教育,丰富职大校园文化,为构建"五育并举"的人才培养目标不断努力,为营造良好的校园氛围、打造丰富多彩的校园文化贡献力量。

天津城市建设管理职业技术学院中华优秀传统文化巡讲成果

为进一步学习贯彻习近平新时代中国特色社会主义思想,围绕庆祝中国共产党成立100周年,大力开展"四史"教育,教育引导广大师生在新时代自觉弘扬践行爱国奋斗精神,做爱国奋斗精神的传承者、党和国家事业的接班人、民族复兴大任的时代新人,增强学生传承弘扬中华优秀传统文化的责任感和使命感,天津城市建设管理职业技术学院开展了丰富多彩的中华优秀传统文化巡讲活动。

10月29日,学院邀请天津广播电视台主持人、相声泰斗马三立之孙马小川通过腾讯会议直播的形式为学院师生带来了一场以"建党百年 不忘初心——浅谈语言艺术的魅力"为主题的中华优秀传统文化精彩讲座。

讲座中,马小川老师用风趣幽默的语言对比了话剧、相声等不同艺术领域的异同,用生动的语言带领在场同学进入了一种享受中华传统文化魅力的境界。在巡讲之余,马老师与同学们互动交流,学院学生积极响应并在马老师现场教学后即兴表演了传统相声相声贯口"玲珑塔",将气氛推向了高潮。

11月5日,学院邀请天津曲艺团著名快板表演艺术家、中国曲艺节最高奖"牡丹奖"获得者李少杰通过腾讯会议直播的形式为学院师生带来了一场以"如何用快板书讲好中国故事"为主题的中华优秀传统文化的精彩讲座。李少杰老师为同学们讲解了关于快板的知识、快板书的艺术特点,呈现了快板书艺术的独特风采。

通过观看中华优秀传统文化专家们的精彩讲座,学院师生增强了传承传统文化的使命感,表示在今后的学习生活中将继续从优秀传统文化中汲取营养、提升素质,为弘扬中华优秀传统文化、培养文化自信不懈努力。

天津交通职业学院
中华优秀传统文化巡讲成果

为深入贯彻全国教育大会精神,进一步学习贯彻习近平新时代中国特色社会主义思想,将大学生思想政治教育与中华优秀传统文化相结合,增强大学生的文化素养和文化底蕴,增进文化自觉和文化自信。11月3日,学院邀请了"杨柳青年画"传承人霍庆有老师,在学术报告厅进行"迎接建党百年 传承传统文化"专场讲座,九十余名学生代表现场聆听讲座。

讲座中霍庆有老师介绍了年画的历史发展和艺术特色,它既继承了中国古代绘画的艺术传统,又有来自民间的艺术根源,作为中国传统文化之一,是中华民族历史文化宝藏。

在互动环节上,学生们和霍庆有老师现场学习年画的制作,切身体会到了年画作为中华传统文化的奇妙。

此次巡讲活动的举办,对进一步增强我院学生传承弘扬中华优秀传统文化的责任感和使命感起到积极的推动作用,激发了同学们的爱国热情,同学们纷纷表示在今后的学习创作中也将继续从优秀传统文化中汲取营养、提升素质,增强民族自豪感和文化自信。

11月10日,国家非物质文化遗产"戏法"代表性传承人肖桂森老应邀来到天津交通职业学院,在小报告厅同我院师生畅谈民族文化的传承和古典戏法的弘扬,给同学们带来了一场"戏法"的视听盛宴。

中国戏法有着五千年的悠久历史,肖老师介绍道:"这世界上只要有人,就会有唬人。早在奴隶社会时期盛行的巫术就可以看作现代戏法的雏形。"和西方的魔术不同,中国的传统戏法有着自己的特色,比如看似简单实则暗藏乾坤的服装——大褂。为了体现这大褂的奥秘,肖老师现场带来了几个小戏法。在他干净利索的把式之下,一张张废纸片变成了明晃晃的百元大钞;一根貌似正常连续的长绳子被截然分开,而吹一口气后则被完美还原。肖老师精彩的表演和幽默的风格得到了观众的连连喝彩。

肖老师究竟是如何走上了变戏法这条道路的呢?他饶有兴致地讲起了儿时的故事。天津是文化的大码头,年少的肖桂森从小接受作为一名文艺工作者的父亲的熏陶,并在其带领下向王殿英老艺术家拜师学艺。从最开始一个小戏法练半个月,到后来不断向高难度挑战,正是在他一直以来的努力练习下,才有了今天的肖桂森大师。

据肖老师介绍,变戏法这门行业存在三个"活",即三种境界:"抛活""剖活""刨活"。"抛活"指的是变戏法中失误露馅;"剖活"指的是戏法师傅在表演过程中给观众解析戏法方法技巧;而"刨活"则是指戏法表演者通过挖掘历史上失传的传统戏法,不断丰富戏法的内容形式这一最高境界。由于传统社会中留下的"教会徒弟,饿死师傅"这种落后思想,到现代很多传统戏法都已失传。肖桂森老师对此深感痛心,他希望文艺工作者们可以积极地将戏法继续挖掘、传承下去,经营好这一传统民间艺术。习近平总书记强调"中华民族伟大复兴需要以中华文化发展繁荣为条件",在国家拨款项目支持下,肖老师不仅在《我要上春晚》的舞台上表演了鸳鸯棒绝活,还带领戏法走上了社团、大学和大讲堂的舞台,让戏法这一传统民间艺术在传承的路上越走越好。

谈到为什么变戏法跟相声一样需要一边说一边做时,肖老师讲到,相声、戏法"同出一门",相声、戏法一码事,讲究"三分手,七分口",技术和说话艺术都不能少。传统古彩大戏法分为"剑、丹、豆、环"四门基本表演,肖桂森老师在通过视频向观众们展示了其中"剑、丹、豆"三种表演的代表作品《蟠桃献彩》《纸条变鱼》等后,还在现场表演了经典戏法《六连环》,赢得了观众阵阵掌声和叫好。

讲座最后,肖老师谈到,虽然戏法是中国的传统文化艺术瑰宝之一,但是不了解它的人太多了。他的师傅辈为把戏法从民间带上舞台做出了巨大的努力,也让戏法走出了国门,作为当代的戏法代表人,他自己最大的愿望就是做好戏法的传承和传播工作,让中国的这项传统文化艺术得到真正的弘扬和发展。

天津工业大学
中华优秀传统文化巡讲成果

为了响应习总书记的号召，提高大学生对优秀传统文化的认识，并深入了解我国的传统文化，由校党委学生工作部（研究生工作部）、博雅书院和天工创新学院联合开展了"中华优秀传统文化进校园"系列活动。讲座共分为两场，由博雅书院副院长倪娟主持。2021年11月18日，博雅书院邀请"风筝魏"世家、国家级非物质遗产项目代表性传承人、中国工艺美术大师、中国民间文化杰出传承人、天津市民俗文化学会会长魏国秋老师给天工创新学院学生作题为"'风筝魏'的魅力传承"的专题讲座。12月2日，博雅书院邀请天津市曲艺团副团长、国家二级演员李梓庭老师面向天工创新学院学生作相声专题讲座。

在"'风筝魏'的魅力传承"的专题讲座中，魏国秋老师从历史传承、工艺特点、作品分类等方面对"风筝魏"进行了全方位的介绍与解读，分享了"风筝魏"走出国门、蜚声全球的精彩故事。

风筝，古称"纸鸢"或"纸鹞"，最早起源于中国。相传，中国古代劳动人民曾利用风筝进行测量、传信，甚至试图利用风筝载人飞翔。五代时期，太监李邺于皇宫中制作纸鸢，在头部放置一枚竹笛，"使风入竹，声如筝鸣"。"风筝"也因此而得名。

2021年 天津市大中小学中华传统文化系列活动集萃

民国年间,天津风筝最为杰出的一个代表人物就是魏元泰。魏元泰生于1872年,由于家境贫困,年少辍学,十六岁到扎彩铺当学徒,学得了一手扎风筝的好手艺。学徒期满后,由父亲给他张罗开了一间扎彩铺,起名"魏记长清斋扎彩铺",从此他就以做风筝为业。魏元泰师法前人、不断创新,在传统风筝工艺基础上进行改革,形成了造型多变、彩绘逼真、飞行平稳、特技精湛和便于携带五大独特的艺术风格,他的风筝技艺在天津可谓一枝独秀,独领风骚,"风筝魏"这一称号也开始闻名于坊间里巷。"风筝魏"传承至今已过百年,风筝多取材于飞禽走兽、神话故事等,不仅结构精巧,还有很多吉祥的寓意,同时所有的部件都可以拆装、折叠,构造精巧奇妙。1912年,魏元泰的十一件作品被当时的北洋政府农商部选送美国旧金山,参加在那里举办的巴拿马太平洋地区万国博览会并获得奖牌,为国家争得了荣誉,这也是中国风筝艺人第一次将中国的风筝放飞到世界的天空。历经百余年沧桑巨变,如今,天津"风筝魏"制作技艺仍具有独特的历史文化价值,是民俗学和民间工艺史研究的重要对象。在讲座过程中,魏先生还带领同学们一起绘制风筝,在彩绘拆展间近距离感受传统文化的独特魅力。

而在相声表演艺术家李梓庭老师面向天工创新学院学生作相声

专题讲座中,则通过现场互动、播放视频等形式,分享了天津曲艺团的历史与辉煌,展示了曲艺艺术的传承和发展,阐释了相声这门传统艺术的外在形态与内在精神。相声一词,古作象声,原指模拟别人,又称隔壁相声。经华北地区民间说唱曲艺进一步演化发展,并融入了模拟口技等曲艺形式而形成,一般认为于清咸丰、同治年间形成,以说笑话或滑稽问答引起观众发笑的曲艺形式。至民国初年,象声逐渐从一个人模拟口技发展为单口笑话,名称随之转变为相声。后逐步发展为单口相声、对口相声、群口相声,综合成为名副其实的相声。经过多年发展,对口相声最终成为最受观众喜爱的相声形式。

李梓庭老师师从著名相声表演艺术家师胜杰先生,2009年获全国相声新作品大赛二等奖,是天津市曲艺团近年来不可多得的优秀相

声演员。通过幽默的语言、有趣的故事、精彩的表演,他讲述了自己从单纯的喜爱,到成为专业演员的心路历程和精彩节目背后的曲艺人生。通过李梓庭先生的分享,学生们了解到,相声艺术源于华北,流行于京津冀,普及于全国及海内外,始于明清,盛于当代,主要采用口头方式表演,主要道具有折扇、手绢、醒木,表演形式有单口相声、对口相声、群口相声等,是扎根于民间、源于生活,又深受群众欢迎的曲艺表演艺术形式。

说、学、逗、唱是相声传统的四种基本艺术手段。"说"是叙说笑话和打灯谜、绕口令等;"学"是模仿各种鸟兽叫声、叫卖声、唱腔和各种人物风貌、语言等;"逗"是互相抓哏逗笑;"唱",相声的本工唱是指太平歌词。相声中,常有偏重运用其中一二种手段的节目,比如《改行》《戏剧与方言》偏重于"学"和"唱",《八扇屏》《春灯谜》以"说"和"逗"为主。演员也往往以其善于运用某一些手段而形成不同的风格。2019年11月,文化和旅游部办公厅组织开展了国家级非物质文化遗产代表性项目保护单位检查和调整工作,相声保护单位为中国广播艺术团及天津市曲艺团。2020年疫情期间,天津市曲艺团创作了鼓曲、评书、相声、快板、数来宝等近四十段节目,通过演出讴歌时代,传递正能量,让更多的观众记住了天津这个曲艺之乡。

通过此次"中华优秀传统文化进校园"活动,两场精彩绝伦的讲座使师生们充分领略了中华传统艺术的魅力,使学生们能够更多地发现美、创造美,让优秀传统文化在文化理解和审美体验层面给予学生更多的收获,进一步激发了同学们持续关注了解中华优秀传统文化的热情,增强了大家自觉弘扬中华优秀传统文化的责任感和使命感。

天津医学高等专科学校
中华优秀传统文化巡讲成果

按照市教育两委的部署和要求,我校于2020年11月19日和25日分别在学术报告厅举办了"2021年中华优秀传统文化高校巡讲"系列讲座。

第一场讲座邀请到国家级非物质文化遗产"戏法"代表性传承人肖桂森老师,肖老师现任中国杂技协会会员、中国魔术艺委会委员,多次被评为"天津市中青年德艺双馨文艺工作者""金菊奖全国魔术大赛最佳演员奖"等。多次代表中国天津前往世界各国演出,收到国际一致好评和热烈欢迎。讲座现场,肖老师语言幽默诙谐,口彩相连、光怪陆离的魔术表演让同学们大呼惊叹,他围绕"中华传统技艺的传承"主题举办讲座,结合戏法、魔术的表演形式,让大家在欣赏戏法的变幻莫测和不可思议的同时,由浅入深地传递给同学做什么事情都要保持匠心精神,面对诱惑守住初心,苦练技艺,才能在某一领域有

所作为。

第二场讲座邀请到国家级非物质文化遗产"快板书"代表性传承人、国家一级演员李少杰老师。李老师自幼跟随其父亲、快板书创始人李润杰学艺，随后拜师快板艺术家高凤山先生学艺，跟随王凤山先生学艺，现任中国曲艺家协会快板艺术委员会主任、天津曲艺家协会副主席。讲座现场，李少杰老师围绕"快板书的表演与演唱"主题，不禁打起快板，可谓精彩绝伦，高潮迭起，一打板二说唱，打板节奏明快，说唱合辙押韵，节奏舒缓时，说唱如行云流水，节奏快时，嘴皮子如万马奔腾，老师和同学们不禁响起阵阵掌声。李老师讲到说书人"着一身大褂，执一副快板"，起板时，节子甩动两下发出"嗒、嗒"的声响，规定出节奏，然后大板与节子配合，站在舞台上就讲究身正气正。李老师讲道：天津是快板书的故乡，这里有一大批优秀的快板人才，其父亲李润杰便是其中主要流派之一的李派快板书的创始人。虽同源于快板，但

快板书兼并吸收话剧、电影、山东快书、评书、相声、西河大鼓等的优长，是一种集表、说、唱为一体的表演艺术，更为观众所喜闻乐见，因此快板这门学问更应该作为中华优秀传统文化被熟知、被传承。

艺术家们生动有趣、激情充沛的表演，使在场师生们充分感受到祖国优秀传统文化博大精深的魅力，从经典中汲取民族精神的源头活水，调动了同学们学习中华优秀传统文化的热情，让同学们在潜移默化中走进中华优秀传统文化，培养学生开朗豁达的性情、自信自强的人格、和善诚信的品质。

天津理工大学中环信息学院中华优秀传统文化巡讲成果

为进一步学习贯彻习近平新时代中国特色社会主义思想，围绕庆祝中国共产党成立100周年，大力开展"四史"教育，教育引导广大师生在新时代自觉弘扬践行爱国奋斗精神，做爱国奋斗精神的传承者、党和国家事业的接班人、民族复兴大任的时代新人，增强学生传承弘扬中华优秀传统文化的责任感和使命感，在常态化疫情防控的情况下，天津理工大学中环信息学院开展了"传统文化进校园"活动。

学院大力开展校园文化教育，将"中华优秀传统文化巡讲"作为继承和发扬中华民族优秀传统文化的基础文化教育，通过邀请各个领域的专家、学者开展讲座和报告会，将高雅艺术、非物质文化、民间优秀文化创新性地融入师生日常学习、生活和科研中，拉近师生与中华优秀传统文化之间的距离。本次传统文化巡讲活动采用线上直播、线下互动的方式，学院约五百名师生在各个分会场集中观看了讲座，约六百名学生通过手机直播自行观看学习。

一、纸鸢文化的历史传承

中国的风筝已有两千多年的历史,传统的中国风筝上到处可见吉祥寓意和吉祥图案的影子。它通过图案形象,给人以喜庆、吉祥如意和祝福之意;它融合了群众的欣赏习惯,反映人们善良健康的思想感情,渗透着我国民族传统和民间习俗,在民间广泛流传。

学院邀请"风筝魏"传人魏国秋开展"'风筝魏'的历史传承与发展"的传统文化讲座,围绕"风筝魏"的起源与发展、工艺特点、作品分类和传承保护等方面向大家进行了讲述,在现场向同学们展示了风筝制作的过程。同学们在现场用彩笔绘制风筝、放飞风筝,激发了同学们对风筝艺术的热情,用文化传承者的工匠精神将同学们带入了纸鸢的世界。

学院于2022年4月开展文明修身系列活动,将风筝节确定为文明修身系列活动的开幕式,旨在通过风筝文化的宣传弘扬中华优秀传统文化,通过风筝制作拓展劳动教育方式,提升美育教育,通过放飞风筝缓解学生心理压力,提升校园轻松愉快的文化氛围。

二、快板艺术的文化魅力

快板是一种传统说唱艺术,属于中国曲艺韵诵类曲种。早年称作"数来宝",也叫"顺口溜""流口辙""练子嘴",是从宋代贫民演唱的"莲花落"演变发展而成。1949年以后,快板艺术形成了闻名全国的三大艺术流派,即高派(高凤山)、王派(王凤山)、李派(李润杰)。学院邀请非物质文化遗产快板书代表性传承人李少杰带来主题为"如何用快板书讲好中国故事"的讲座。

李少杰是自幼随父亲——快板书一代宗师李润杰学艺,他对快板表演中的眼神、手势和拿板方式进行讲解和现场演示,同学们深受感染。学院悦友相声社的同学积极踊跃参与到讲座中,活动现场多名学生与李老师进行互动交流,通过《三打白骨精》的快板表演得到了老师的肯定,并通过老师的线上纠正,使同学们感受到曲艺的魅力和文化滋养。

习近平总书记在党的十九大报告中指出:"中国特色社会主义文化,源自于中华民族五千多年文明历史所孕育的中华优秀传统文化,熔铸于党领导人民在革命、建设、改革中创造的革命文化和社会主义

先进文化,植根于中国特色社会主义伟大实践。"中国共产党高度重视中华优秀传统文化,在中国革命、建设和改革中,一贯继承、弘扬、提升中华优秀传统文化。学校作为中华优秀传统文化的传播阵地,通过开展中华优秀传统文化系列活动,引导广大青年学生弘扬传统文化,坚定文化自信,提升学生的艺术和文化素养,凝聚民族精神,努力实现中华民族伟大复兴的中国梦。

天津市大学软件学院中华优秀传统文化巡讲成果

我院在接到中华优秀传统文化巡讲活动方案后高度重视，结合学院传统文化月，精心组织，周密安排，广泛开展中华优秀传统文化教育，取得了较好成效，营造了"人人学、人人参与"的浓厚氛围。

我院高度重视本次宣传活动，精心制定了中华优秀传统文化巡讲方案，引导广大师生认真学习党史、"四史"，传承红色基因，赓续精神血脉，增强使命担当，自觉听党话、感党恩、跟党走，把爱国情、强国志、报国情充分融入实现中华民族伟大复兴的历史征程。根据我院工作安排，将中华优秀传统文化系列巡讲纳入传统文化月中，形成浓厚氛围。

采用线上报名的方式让更多同学参与到传统文化讲座中来，并在每场活动结束后通过"掌上天软"发布活动新闻。

开展"弘扬中华优秀传统文化"主题升旗仪式，并面向全校学生征集国旗下讲话。

邀请天津市民间文艺家协会副主席、剪纸艺术委员会会长、中国民间艺术家协会会员李强老师，"风筝魏"世家、国家级非物质文化遗产项目代表性传承人、中国工艺美术大师、中国民间文化杰出传承人、天津市民俗文化学会会长魏国秋老师到我院开展讲座。

根据往年传统文化讲座的经验，互动式教学、体验式教学更容易引起同学们的兴趣。这种形式营造了同学们积极参与的良好氛围，使得活动达到了预期、超出了预期，又让同学们乐于参与，得到了同学们广泛好评。

此次活动，通过划定目标任务，结合实践课加分奖励，有效激发了团学组织宣传动力，充分调动了同学们的参与热情，形成了你追我赶的学习、宣传氛围。下一步，学院将进一步加强新时代中华优秀传统文化宣传教育工作，形成常态、形成机制，促进学院青年学生身心健康发展。

天津生物工程职业技术学院
中华优秀传统文化巡讲成果

按照《市委教育工委 市教委关于组织2021年天津市中华优秀传统文化系列活动的通知》要求,2021年12月7日下午,天津生物工程职业技术学院邀请天津曲艺团青年相声名家李梓庭老师开展了"礼敬中华优秀传统文化"系列活动之相声文化进校园活动,一百二十余名学生代表以及各系部团总支书记参加了此次活动。

此次活动是进一步学习贯彻习近平新时代中国特色社会主义思想,围绕庆祝中国共产党成立100周年,大力开展"四史"教育,教育引导广大师生在新时代自觉弘扬践行爱国奋斗精神,做爱国奋斗精神的传承者、党和国家事业的接班人、民族复兴大任的时代新人,增强学生传承弘扬中华优秀传统文化的责任感和使命感的教育活动,受到了师生的好评。

讲座中,李老师声情并茂地介绍了多位天津本土曲艺名家的艺术成就。李老师通过播放老艺术家们珍贵精彩的视频,使师生们对相声表演艺术家师胜杰先生等老艺术家更加怀念和敬佩,精彩的表演征服了在场的同学老师。同时,李梓庭老师通过幽默的语言、有趣的故事、精彩的表演,向同学们讲述了相声的发展历史,尤其是相声在天津的发展过程，为同学们厘清了相声发展的历史脉络，同时分享了天津曲艺团的历史与辉煌，讲述了相声这门传统艺术的外在形态与内在精神，使师生们充分领略了中华传统文化的悠久历史和文化传承。讲座最后，李梓庭老师带来了现场快板教学，让同学们眼前一亮，加深了对中华优秀传统文化的认识和理解。

活动结束后同学们纷纷表示感受到了中华文化的博大精深，以后学习中将不断汲取传统文化中的精神力量，努力成长为有理想、有本领、有担当的新时代青年，为祖国发展贡献青春力量。

后期工作中，我院将继续深挖优秀传统文化在学生成长教育中的重要作用，积极打造中华传统文化的传播阵地，让文化有传承，教育有成效，也能为学生的校园生活带来新的体验和感悟。

2021 巡讲成果

教育局组

和平区教育局
中华优秀传统文化巡讲成果

天津市和平区昆明路小学
汲取传统文化精髓　　弘扬爱国奋进精神

为持续深化党史学习教育,让红色基因根植学生心灵,天津市和平区昆明路小学开展了"汲取传统文化精髓　弘扬爱国奋进精神"主题巡讲活动。

活动中,昆明路小学邀请到著名剧作家、戏曲评论家、国家一级编剧,85岁高龄的赵德明老师为学生们上了一堂特殊的思政课。赵老师是从事红色文艺作品创作的老编剧,一直关心青少年的成长,他主动当编剧,每排一部剧,他都会先把英雄人物的故事给孩子们讲明白。

赵德明老师结合由市教委、区教育局下发给学校的"四史"动漫系列丛书"'红色记忆'系列漫画故事",为学生们讲述了中国共产党的伟大人格力量、中国人民锐意创新的民族精神和中国共产党在磨难淬炼中奋勇向前的感人故事。结合漫画形式的展现,学生看得懂、记得住,深受鼓舞。

为了用好红色资源,讲好"四史"故事,昆明路小学还邀请赵老师做指导,排演了舞台剧小红军战士向轩的真实故事,只有7岁的他,在亲人牺牲后,投身革命,跟着红军长征。向轩的扮演者顾梓煦同学在排练中深受感染,同学们也纷纷表示要学好知识和本领,为祖国的未来而接续奋斗!

此次活动,被《天津日报》、天津电视台新闻频道、津云频道等多家媒体报道。

天津市和平区岳阳道小学
中华优秀传统文化进校园主题教育活动

为进一步学习贯彻习近平新时代中国特色社会主义思想，围绕庆祝中国共产党成立100周年，大力开展"四史"教育，增强学生传承弘扬中华优秀传统文化的责任感和使命感，11月23日，我校组织开展中华优秀传统文化进校园主题教育活动。

为了更好地弘扬中华民族优秀传统文化，我校有幸请来了著名剧作家、天津评剧白派剧团艺术总监赵德明老师对全校师生进行培训讲座。赵德明老师是国家一级编剧，中国戏剧家协会会员。他从艺七十余年，2021年为庆祝建党百年创作的评剧《骄杨》被列为全国庆祝建党百年优秀舞台艺术作品。

在讲座中，赵德明老师夹叙夹唱、讲演结合，深入浅出地介绍戏曲艺术虚拟化、程式化、舞蹈化的特性和唱、念、做、打的艺术规范，并结合自身专业讲述评剧的历史沿革、不同艺术流派产生过程及演唱特

色。最后在小戏迷演唱的评剧名段《小酸枣》的中结束了本次精彩的讲座。

听完赵德明老师的讲座，岳小的每一个孩子都被传统文化的魅力深深吸引。岳小将继续沿着灿若星河的中华文明坚持探索，让同学们从传统文化中感受中华上下五千年的文明，在新时代自觉弘扬践行爱国奋斗精神，做爱国奋斗精神的传承者、党和国家事业的接班人、民族复兴大任的时代新人，让优秀的传统文化魅力恒久延续！

天津市第二南开学校
2021年中华优秀传统文化教育工作

为进一步学习贯彻习近平新时代中国特色社会主义思想，增强学生传承弘扬中华优秀传统文化的责任感和使命感，我校围绕庆祝中国共产党成立100周年，以培育和践行社会主义核心价值观为重点，以弘扬中华优秀传统文化为主题，通过开展系列活动、加强宣传，使学生了解优秀的中华文化和民族精神，引导学生成为公能兼备的合格的社会主义建设者和接班人。

　　加强中华优秀传统文化教育，是培育和践行社会主义核心价值观、落实立德树人根本任务的重要基础。通过加强中华优秀传统文化教育，培育和弘扬爱国主义精神，为学生的健康成长奠定良好基础。

一、创建良好的校园文化氛围

　　近年来，我校加强了校园文化建设，力争做到校园文化所营造的育人氛围无时无刻不发挥作用。校园的每一个角落都蕴含着中华传统文化相关的布局，墙壁上挂满了师生的书画作品以及名言警句，办学理念、育人目标、校训等每天熏陶着学生的心灵，班级内悬挂中学生日常行为规范及中学生守则、社会主义核心价值观，电子班牌上每天都会对学生进行中华传统文化的宣传与浸润。

二、开展丰富的实践教育活动

1.以重大时间节点为契机开展主题教育活动

　　我校以加强未成年人思想道德建设为主旨，以社会主义核心价值体系建设为根本，坚持贴近实际、贴近生活、贴近学生，坚持立足当下、因地制宜、就近就便，积极创新形式和载体，深入挖掘传统节日的文化和精神内涵，广泛组织开展重大时间节点系列主题活动，宣扬中华优秀传统，营造关爱互助、安定团结、欢乐祥和的节日氛围，倡导文明和谐、实用节俭的现代节日理念。春节、元宵节、清明、端午、中秋、重阳等中华民族重要的传统节日期间，在全校组织开展节日民俗、作品征集、文化娱乐、志愿服务和体育健身等丰富多彩的大众性活动，推动重大时间节点主题活动深入开展。如春节征集贺岁春联和福字;清明节网上祭先烈,开展读英雄家书活动;中秋节、国庆节期间以培养家国情怀为主题开展活动;重阳节期间组织学生志愿者去共建养老院开展服务慰问活动,倡导尊老、敬老、爱老、助老的良好风气。

2.以"系列讲座"为载体,深化中华优秀传统文化教育

我校按照上级要求于11月份开展了适合中学生的传统文化"系列讲座"活动,取得了良好的效果。郭旭颖老师的题为"画之君子"的传统文化讲座作为系列讲座的第一场,以线上和线下相结合的形式,面向全体学生,融知识讲解与作品欣赏为一体。我校还借助本市的丰富教育资源,邀请和平区志愿者张振东老师为高一学生开展"学好党史 不忘初心　用好红色资源　赓续红色血脉——五大道里的红色故事"讲座,增强学生文化自信。

3.以"国旗下讲话"为阵地,发挥常态化育人功能

我校充分发挥国旗下演讲的育人功能,相继推出国旗下演讲19期,涵盖了家国情怀教育、民族精神教育、责任教育、生命教育等多个题材,让传统文化教育与社会主义核心价值观紧密结合,取得良好的教育效果。

4.以"传统艺术进校园"为突破,形成传统文化教育特色

开展传统文化艺术进校园活动。10月为毕业年级组织了一场别开生面的传统文化音乐会,整场晚会为学生呈现了众多以古典诗词为蓝本的经典歌曲,为学生带来了一场音乐盛宴。各类活动使学生感知国家的底蕴深厚、未来的大好前景。

经过全校师生的共同努力,我校中华传统文化教育活动的实效,

后续我校将继续努力,努力做到环境育人、活动育人,使学生对中华传统文化有更深入的理解和感悟,热爱我们的国家并能够为此而努力奋斗!

附录一:学生心得体会1(节选)

中国传统文化的学习对于我,是一次很大的心灵震撼。在这个被西方的风俗习惯及思潮日日侵扰的今天,在这个人人拜金的物欲横流的今天,学习传统的优良的东西,渐渐被大家觉得稀奇了。这是为什么?

任何一个民族、一个国家,不管是对历史负责,还是对未来负责,都应保有自己的文化特色,保护自己的文化遗产。

中国传统文化是中国的特色,是中国宝贵的物质和精神财富,是五千年文化的积累,是中国文化保持长久生命力的重要因素。因此,我要加强中国传统文化的研究、整理,从中吸取精髓,使之发扬光大。

我们必须不断学习,以一颗真诚虔诚谦虚的心努力学习好我们炎黄子孙的文化精华,丰富自己,充实自己,将信息化为知识最终成为自己的智慧!我的心里渐渐有了一个较为清晰的方向,我知道自己以后应该怎么更好地去学习,来提高自己的工作能力,才能更好地为社会服务。

附录二:学生心得体会2

中华传统文化是一座源远流长、博大精深的宝库。在今天的讲座中,郭老师以美术作品中常见的四君子"梅、兰、竹、菊"为中心体现了中华传统文化中高尚的中华传统美德部分。

"花中四君子"是中国人借物喻志的象征,也是咏物诗文和艺人字画中常见的题材。其文化寓意为:梅,身披傲雪,高洁志士;兰,深谷幽香,世上贤达;竹,清雅淡泊,谦谦君子;菊,凌霜飘逸,世外隐士。他们都没有媚世之态,遗世而独立。

梅兰竹菊"四君子",千百年来以其清雅淡泊的品质,一直为世人所钟爱,成为一种人格品性的文化象征。这虽然是自身的本性使然,但亦与历代的文人墨客、隐逸君子的赏识推崇不无关系。"四君子"题材始终伴随着中国花鸟画的发展。

梅花在漫天飞雪的隆冬盛开,不畏严寒、身披傲雪,象征君子威武不屈,不畏强暴;兰花独处幽谷,喜居崖壁、深谷幽香,象征君子操守清雅,遗世独立;竹子虚怀若谷,中通外直,清雅靓丽,象征君子谦逊虚中,高风亮节;菊花在深秋绽放,顶风傲霜,潇洒飘逸,象征君子隐逸世外,不陷污浊。这些题材不仅在画家笔下常常见到,也是各种文学样式里的常用之笔。艺术家们喜欢这些花草,其实是表现了对高尚道德的景仰和追求。

通过今天的讲座,我深刻体会到了中华传统文化中的高尚品格的美丽,今后,我也要如是要求自己,坚持文化自信,为实现中华民族伟大复兴而不懈奋斗!

天津市和平区中心小学
中华优秀传统文化巡讲活动成果

为丰富校园精神文化生活，传递中华优秀传统文化蕴含的人文精神，大力弘扬社会主义核心价值观，进一步提升中小学生继承和发扬中华优秀传统文化的热情，2021年12月3日，和平区中心小学联合天津市评剧白派剧团，共同举办"传统文化进校园"主题活动。

我校有幸邀请到国家一级演员、著名评剧表演艺术家王杰和优秀青年演员梁国栋为同学们带来经典剧目《秦香莲》选段。传统戏曲独特的艺术形式不仅让孩子们大开眼界，亦讲述着是非善恶，传递出中华民族自古以来的崇高价值追求，彰显出戏曲别具一格的艺术之美。演出后，在王杰老师和孩子们的对话中，学生们更加感受到戏曲惊艳亮相的背后，是一代代人坚持的雕琢。

在评剧演员老师的指导下,同学们还亲身体验了"生旦净末丑,手眼身法步"的无穷魅力。

本次传统文化进校园活动近距离展现出传统文化的独特魅力,优秀的传统艺术像一颗无声的小种子,深深地在学生们的心中发芽,慢慢地成长,潜移默化地激励着学生对传统文化的热爱。我校会以弘扬中华传统文化为契机,传承中华文明、发扬中华美德,让优秀的传统文化更好地走进学生的学习和生活。

如今,得益于"双减"政策,我校也开设了戏曲、相声、快板、盘扣等更多的传统文化课程,丰富学生多元选择,为学生培养一种兴趣,为传统文化的传承发展种下一颗希望的种子。

天津市实验小学
弘扬传统文化　坚定文化自信

中华优秀传统文化是中华民族的精神命脉,剪纸工艺是中华民族传统文化长河中的一颗璀璨之星,被称为指尖上的智慧,是我们国家优秀的非物质文化遗产,弥足珍贵。为了增进学生对中华传统文化的了解,进一步激发学生对于剪纸活动的兴趣,天津市实验小学联合天津市和平区文化和旅游局和和平区五大道街团工委于2021年12月7日开展了探寻传统文化之美——剪纸艺术活动。

活动中,天津市书画艺术研究会会员、天津"非遗"项目郝记剪刻纸花第三代传承人尚君老师,从剪纸基本方法入手展开教学,在操作

的过程中指导大家折叠、剪、画,由浅入深、由易到难,让学生体会到中华传统文化之美。学生们全神贯注地听着尚老师的指导,并按照剪纸的步骤认真操作,最终,一个个活灵活现的剪纸作品出现在学生手中。

通过此次活动,我校师生领略了剪纸艺术的魅力,感受了中华传统文化的博大精深,更加坚定了文化自信。活动结束后,学生们纷纷表示,这次剪纸活动不仅锻炼了自己的动手能力,而且对我国的剪纸艺术有了更深刻的了解,在今后的学习生活中也要将我国剪纸艺术传承下去。

天津市和平区西康路小学
举办传统文化进校园主题讲座

为进一步学习贯彻习近平新时代中国特色社会主义思想,将学生思想政治教育与中华优秀传统文化相结合,2021年12月13日下午,西康路小学邀请骆派京韵大鼓演员崔小杰老师在报告厅为我校在校生代表进行了以"京韵大鼓的传承与发扬"为主题的讲座。

讲座中,崔老师通过理论讲解、故事分享、视频展示等方式向在场的学生介绍了京韵大鼓的历史沿革及现代创新,并通过现场演唱的方式让学生切身感受到了京韵大鼓的魅力,将现场气氛推向了高潮。崔老师鼓励学生们多关注传统文化,为传统文化的传承发扬做出青年人应有的贡献。

此次讲座的成功举办,使我校学生对传统文化有了更形象的感受和更深层次的理解,对于学生发现中华文化之美,增强文化自信,起到了积极的推动作用。

河西区教育局
中华优秀传统文化巡讲成果

2021年是中国共产党成立百年盛世华诞，为回顾党的光辉历程，讴歌党的丰功伟绩，为党的百年华诞献礼。作为天津市京剧进课堂的试点学校和全国优秀文化艺术传承学校，湘江道小学努力挖掘社会资源开展中国优秀传统文化进校园的系列活动，利用京剧艺术的文化浸润增强湘小学子的爱党、爱国之情，增强对中华文化的民族自信，在享受艺术之美的同时，培育学生良好的个性品质和道德情操。

5月邀请天津歌舞剧院、河西区文化馆的艺术家们开展了"送文化下基层惠民文艺演出校园行"活动。艺术家们精心创排，经典的剧目、悠扬的旋律、生动的表演，深深鼓舞和激励着在座的每一个学生。京剧演员司鸣老师为同学们带来了京剧《穷人孩子早当家》和《甘洒热

血写春秋》的选段。京剧是我国的国粹,结合我校的京剧特色,引导学生用心去欣赏京剧美感,用心去感受京剧的韵味。专业演员表演的快板书《劫刑车》和学校绿芽艺术团学生表演的《红梅赞》均取材于小说《红岩》,不同传统艺术形式的对比表演展现了英雄人物的故事,在欢乐之余,让学生受到一场生动的爱国主义教育。

5月31日,天津市作家协会"红色文艺轻骑兵"来到京剧国粹艺术传统校——河西区湘江道小学,深入小学校园开展送文化下基层的活动,激发少年儿童传承中华优秀文化的责任感和使命感。在"六一"儿童节前夕,为孩子们带去一场别开生面的"文学与京剧"相融合的交流活动。儿童文学作家陈曦老师为同学们精心准备了自己撰写的以京剧为素材的文学作品,讲述了文学艺术创作与舞台艺术契合的写作历程,并以现场精彩的京剧表演让学生感受到艺术与文学融合的魅力。

同学们和他同台交流了学习的京剧唱段,《沙家浜》"要学那泰山顶上一青松"及"军民鱼水情"选段;《红灯记》"都有一颗红亮的心"及"打不尽豺狼绝不下战场"选段;《平原作战》"霹雳一声春雷响"及《奇袭白虎团》"绝不让美李匪帮一人逃窜"选段;《智取威虎山》"工农子弟兵"及《奇袭白虎团》"打败美帝野心狼"选段;《智取威虎山》"今日痛饮庆功酒"选段。一下午的活动,可以称得上是一场精彩的文艺盛宴。

12月河西区"艺彩河西"学校艺术博览节上,湘小推出了自编的京剧联唱节目《筑梦百年》作为百年党的生日献礼节目。学校德育处深挖了更多适合孩子们传唱的京剧现代戏唱段,在舞台上展现37个红色经典现代戏剧人物的京剧造型,歌唱了无数革命志士在党的领导下,在艰苦卓绝的革命斗争中,抛头颅、洒热血的英雄故事。

为了呈现更好的艺术效果,让学生受到感染,学校聘请了天津京剧团的专业演员和校外辅导员进行专业指导。唱响红色文化,歌颂党,歌颂祖国,歌颂人民,激起了同学们团结向上的力量,让

全场热血沸腾,现场掌声不断。

活动充分展示党的光辉历程、讴歌党的辉煌业绩,发挥文艺引领作用,以理想之美、信仰之美、人性之美滋养、陶冶和丰盈学生心灵,激励学生为祖国建设而努力学习。

河东区教育局
中华优秀传统文化巡讲成果

为贯彻落实《关于实施中华优秀传统文化传承发展工程的意见》，加强中小学中华优秀传统文化教育，培养青少年的民族情感和民族自信，2021年河东区各中小学结合建党百年相关内容，邀请中华优秀传统文化学者、专家、非物质文化遗产传承人走进校园，开展丰富多彩的传统文化宣讲活动。

河东区第二中心小学是中华优秀传统文化传承校，7月5日开展

了非物质文化遗产进校园主题活动,邀请曾氏华服第四代传承人邢晋老师为孩子们带来一堂生动有趣的"非遗"实践课。邢晋老师展示了为迎接建党百年的文化作品,介绍了"非遗"技艺,并教学生们学习了中国结的编织技艺,让孩子们加深了对"非遗"传统文化艺术的理解。

天津八中开展了传统文化进校园暨曲艺集体社团活动,陶冶学生的曲艺文化素养和审美情操。天津曲艺团夏炎老师从京韵大鼓的历史渊源、美学个性等六个方面,带领师生领略了京韵大鼓的表演美学和独特魅力。一首《百山图》依腔贴调,技巧纯熟,让人叹为观止。6月15日,该校还举办了传统文化古彩戏法进校园活动。主讲人肖桂森老师用深入浅出、幽默诙谐的讲演,让大家领略到了古彩戏法的魅力。在津门传承发展的古彩戏法,已逐渐成为天津的一张"非遗名片",叫响全国乃至世界。同学们在观看演出的同时真正体会到天津深厚的文化底蕴,加强了对家乡文化的认同感和自豪感。

5月24日,河东区第一中心小学、翔宇小学向建党百年献礼,开展"根根细线系童心,代代相传品文化",邀请著名工艺美术家、风筝制作技艺代表性传承人魏国秋老师走进校园进行"风筝魏"技艺文化宣讲。国家级非物质遗产项目代表性传承人、中国工艺美术大师、中国民间文化杰出传承人、天津市民俗文化学会会长、"风筝魏"第四代传人

魏国秋老师，带领同学们了解了"风筝魏"这一优秀的非物质文化遗产，感受这一艺术瑰宝的无穷魅力。在场的同学们对魏老师手中只只造型各异、精巧绝伦的风筝报以极大热情。

此次讲座让同学们对"风筝魏"技艺有了更深的了解，使在场的同学们感悟到"风筝魏"的美，领略到"风筝魏"传统技艺的独特魅力，感受到"风筝魏"这一非物质文化遗产所蕴含的工匠精神，有助于活跃校园文化氛围，提高学生的艺术素养，进一步弘扬优秀传统文化，使其在继承中发展，在发展中继承。

2021年 天津市大中小学中华传统文化系列活动集萃

5月30日，常州道小学邀请北方演艺集团艺术教育中心李宣捷老师为同学们上戏曲校会课，分别从戏曲的生、旦、净、丑四个行当进行讲解，通过现场表演、视频播放、实践体验，为同学们打开了中国戏曲的大门。

习近平总书记指出："优秀传统文化是一个国家、一个民族传承和发展的根本。"推进中华优秀传统文化和革命传统中小学课程教材，是强化中华优秀传统文化、革命文化和社会主义先进文化铸魂育人功能，实现中华优秀传统文化传承发展和革命传统教育系统化、长效化、制度化的重要举措。对于增强学生文化自信、"五个认同"，培育和涵养社会主义核心价值观，落实立德树人根本任务，培养德智体美劳全面发展的社会主义建设者和接班人具有重要意义。我局高度重视传统文化进校园活动,将继续推动学校弘扬优秀传统文化,增强学生传承弘扬中华优秀传统文化的责任感和使命感。

河北区教育局
中华优秀传统文化巡讲成果

河北区教育局坚持学习贯彻习近平新时代中国特色社会主义思想，围绕庆祝中国共产党成立100周年，深入开展中华优秀传统文化系列活动。

一、以"庆祝中国共产党成立100周年"为主题开展社会主义核心价值观和革命传统教育

开展"立德树人铸师魂 青春领航育新人"党史巡讲活动，聘请河东区和我区优秀班主任、德育先进工作者进行党史宣讲。"七一"前夕，各校积极邀请"五老"进校园讲红色故事，对学生进行革命传统教育。与新蕾出版社联合举行思政教育社会实践基地授牌仪式，引导广大中小学生从优秀传统文

化书籍中汲取智慧和力量。"五四"期间集中开展了"学党史传承红色基因　跟党走逐梦青春征程"团课巡讲,自 5 月 4 日至 20 日,历时 17 天,引导广大中小学生学习伟大建党精神,立志听党话、跟党走。

二、开展传统艺术进校园系列活动

与区文化旅游局联合开展 2021 年传统艺术进校园系列活动,并在宁园小学举行启动仪式。区文化馆同志走进宁园小学、开江道小学、红权小学、金沙江路小学、昆一小学、红星乐其幼儿园、津宝贝幼儿园 7 所学校,展示了精彩的传统文化节目。深入开展"戏曲进校园"系列活动,充分发挥社会资源,用国粹艺术点亮校园,先后邀请天津青年京剧演员刘小源、天津京剧院的国家二级演员高航等著名艺术家进校园开展巡讲和展示,帮助中小学生深入了解戏曲文化,并通过模仿京剧扮相及动作等,直观感受中华传统文化的魅力。

三、举办区级美育实践课堂系列活动

举办区级美育实践课堂暨第十七届学校文艺展演个人项目比赛,各校推荐的 2551 名中小学生参加了 12 个项目的比赛,区教育局推荐 575 名优秀学生节目参加市级美育实践课堂的比赛。开展集体剪纸、书法绘画等庆祝中国共产党成立 100 周年系列展示活动。举办"我为冬奥喝彩"剪纸活动,引导广大中小学生在传承传统文化的同时,培育和增强民族自信心和自豪感。举办"'剪'出特色传承、'纸'引文化育人"第四届剪纸艺术节,中小学生以精美的剪纸作品献礼党的百年华诞。

系列活动的开展,在广大中小学生中掀起了传承中华优秀传统文化的热潮,他们将在传承中华优秀传统文化的过程中弘扬践行爱国奋斗精神,争做党和国家事业的合格接班人,努力成长为担当民族复兴大任的时代新人!

红桥区教育局
中华优秀传统文化巡讲成果

为进一步学习贯彻习近平新时代中国特色社会主义思想，围绕庆祝中国共产党成立100周年，大力开展"四史"教育，教育引导广大学生在新时代自觉弘扬践行爱国奋斗精神，做爱国奋斗精神的传承者、党和国家事业的接班人、民族复兴大任的时代新人，增强学生传承弘扬中华优秀传统文化的责任感和使命感，按照《市委教育工委 市教委关于组织2021年天津市中华优秀传统文化系列活动的通知》要求，红桥区教育局组织全区各中小学、中职学校开展中华优秀传统文化巡讲活动。

2021年5月17日，新华中学和苑学校特别邀请天津电视台电视剧中心项目制片人、天津市市级非物质文化遗产项目"天津玻璃画染磨技艺"代表性传承人张春林老师开展了以"天津玻璃画染磨技艺"为主题的讲座；2021年6月7日，天津市第八十九中学邀请天津美术学院思政课部副教授、法学博士、历史学博士后、天津美院青年学习会博士讲师团讲师李墨来老师为全校师生开展主题为"深入学习'四史' 践行社会主义核心价值观 新时代中学生的担当作为"宣讲活动；2021年6月15日，天津市西青道中学邀请天津市曲艺团青年演员刘渤扬老师走进校园,为学生上了一堂别开生面的时调艺术讲解课;2021年10月14日,红星职专邀请了王玉明老师走进校园,召开了"传统书法之美"专题演讲活动;2021年10月19日,天津市铃铛阁外国语中学将传统文化进校园工作与落实"双减"工作相结合,开展了"落实双减工作,提升服务质量"主题展示活动;2021年11月15日,天津市红桥区泰达实验中学邀请民间艺人陈富贵老先生,组织开展了以"传承非遗传统文化,微型风筝飞进校园"为主题的中华优秀传统文化巡讲活动;2021年11月22日,天津市第八十中学邀请老专家、老校长李建成入校,进行题为"弘中华传统,颂礼仪文化"专题讲座。

通过此次活动,学生们深刻感受到了中华优秀传统文化的丰富多彩、博大精深,增强了传承民族文化的意识。学生们明确表示作为新时代的青少年,一定肩负好时代赋予的责任和使命,做中华优秀传统文化的守护者、传承者,让我们的民族在世界的舞台发光发热,实现中华民族的伟大复兴。

红桥区新华中学和苑学校
中华优秀传统文化巡讲成果

为庆祝中国共产党成立100周年,增强学生传承弘扬中华优秀传统文化的责任感和使命感,我校积极按照市教委的工作部署开展传统文化进校园工作,于2021年5月17日特别邀请天津电视台电视剧中心项目制片人、天津市市级非物质文化遗产项目"天津玻璃画染磨技艺"代表性传承人张春林老师开展了以"天津玻璃画染磨技艺"为主题

的讲座。我校思政共建单位天津师范学校和苑附属小学的领导、思政教师及学生代表也应邀参加了当天的活动。

张春林老师从天津玻璃画的传承、天津玻璃画的染磨技艺、文化传承的意义等方面,给学生呈现了一堂生动有趣的文化盛宴。

讲座中,张老师采用讲解与展示相结合的形式,通过对《富贵祥和》《狮雄》等经典作品以及玻璃画磨刻作品的展示,让同学们在互动中感受到玻璃画强大的艺术表现力和生命力,从而增强对中华优秀传统文化的兴趣,自觉弘扬传统文化,自觉延续文化血脉。

讲座结束后,同学们踊跃上前近距离观察、体验玻璃画精湛的技艺,并与张老师亲切沟通交流。

经过这次活动,学生们对天津玻璃画有了深入的了解,深刻感受

到中华优秀传统文化的丰富多彩、博大精深、源远流长,爱国爱家乡的自豪感油然而生。讲座结束后同学们在与张老师的交流中,明确表示作为新时代的青少年,需要肩负好时代赋予的责任和使命,做中华优秀传统文化的守护者、传承者,让我们的民族在世界的舞台发光发热,实现中华民族的伟大复兴。

红桥区第八十九中学中华优秀传统文化巡讲成果

为积极响应社会主义核心价值观的号召,践行社会主义核心价值观,实现中国梦,弘扬中华优秀传统文化,2021年6月7日下午,我校邀请到天津美术学院思政课部副教授、法学博士、历史学博士后、天津美院青年学习会博士讲师团讲师李墨来老师为我校师生开展主题为"深入学习'四史' 践行社会主义核心价值观 新时代中学生的担当作为"宣讲活动。

富强、民主、文明、和谐是国家层面的价值目标,自由、平等、公正、法治是社会层面的价值取向,爱国、敬业、诚信、友善是个人层面的价值准则,这24个字清晰而凝练,从不同层面为我们指引了前进的方

向,具有精神纽带和精神旗帜的重要作用。

李教授用生动的语言、鲜活的事例阐述了红色精神的伟大,其中抗疫的胜利就是最好的体现,以此来帮助学生树立正确的价值观,引导学生珍惜如今来之不易的幸福生活,从自己做起,从小事做起,从身边做起,做个文明守纪、诚实守信、友爱他人、热爱祖国的好少年。

通过此次讲座活动,相信社会主义核心价值观将深化于心、内化于行,而优秀的传统文化更需要每一个中国人去传承,去发扬,去践行。

红桥区西青道中学
"弘扬传统文化 走近天津时调"活动

为弘扬传统文化，引导学生了解天津时调曲艺传统和特色，6月15日下午，西青道中学邀请天津市曲艺团青年演员刘渤扬老师走进校园，为学生上了一堂别开生面的时调艺术讲解课。

刘渤扬老师是天津时调艺术大师王毓宝先生的亲传弟子，嗓音清脆明亮、高亢纯净，表演情亲秀丽、优雅大方。刘老师为学生们重点讲解了时调的起源、发展，以及王毓宝老先生在舞台布置、伴奏乐器、演员表情动作等方面所做的改革。刘老师还带领学生们字正腔圆地念唱词，指导合唱团的学生演唱了《津门老字号》。

此次活动，不仅使学生初步了解了天津时调艺术，还进一步弘扬了家乡的传统文化。同时，学生们了解到了天津时调于2006年5月20日被列入国家级"非遗"名录；了解到了王毓宝老师对时调艺术的贡献与热爱，对艺术的一丝不苟和执着认真。这些使学生受益匪浅，增强了学生的民族自豪感,培养了学生爱祖国、爱家乡的情怀。

红桥区铃铛阁外国语中学
优秀传统文化进校园

  优秀传统文化蕴含着丰厚的民族精神和道德理念,是我们在新时代进行青少年道德建设的重要思想养分,对在社会主义市场经济条件下的青少年进行世界观、人生观、价值观、理想信念等方面的教育有着极为重要的导向作用。中华优秀传统文化进校园后,怎么"留下来"?扎下根来后,再怎么"走出去"、扩大社会影响?我校将传统文化进校园工作与落实"双减"工作相结合,10月19日下午,铃外园洋溢着青春与活力,"落实双减工作,提升服务质量"主题展示活动在这风和日丽的下午如期举行。在"双减"工作中,学校坚持以"培养国家意识与国际视野兼具、人文情怀与科学素养相长、创新精神和实践能力相融的高素质创新型人才"为课后服务工作的出发点,培养学生艺体类活动兴趣、健康身心,感受服务的温度。切实发挥好学校的育人主阵地作用。我们

邀请到少林著名传承人高健老师到校进行武术展示指导,同时与盛文教育有限公司签订传统武术进校园协议,在我校开设武术社团,弘扬传统文化。

本着互比互学互看,提升课后服务质量的目的,我校认真落实义务教育阶段"双减"政策,积极开展课后服务,成立丰富多彩的学生社团,让学生课后自由选择,积极参与,保证学生课后有去处,参与有乐趣,让教育回归本来的样态。在"双减"工作中,全体铃外人用心做"减法",在全体学生的幸福指数上做"加法",有效地促进了学生德智体美劳全面发展,全面落实了立德树人根本任务,为学生们的课后服务保驾护航。

红桥区泰达实验中学
开展中华优秀传统文化巡讲活动总结

为进一步学习贯彻习近平新时代中国特色社会主义思想,深入落实《新时代爱国主义教育实施纲要》,将学生思想政治教育与中华优秀传统文化相结合、围绕庆祝中国共产党成立100周年,大力开展"四史"教育,2021年11月15日,我校请来了民间艺人陈富贵老先生,组织开展了以"传承非遗传统文化,微型风筝飞进校园"为主题的中华优秀传统文化巡讲活动。陈富贵老先生将传统手艺微型风筝的制作向学生们做了介绍,带领学生走进中华传统民俗文化。

陈富贵老师在课堂上向学生们普及传统民俗文化知识,传授非遗风筝制作技艺,从风筝的历史、现状、种类、制作工艺、微型风筝和风筝的文化交流五个方面,进行了细致的讲解,学生们听得非常入迷。

陈老师的阐述深入浅出,语言风趣幽默,事例生动鲜活,引导学生从优秀传统文化中汲取力量,从民族文化的血脉中开拓创新,从优秀传统文化的薪火相传中继往开来,激励全校师生把中华优秀传统文化的精髓内化于心、外践于行,增强责任与担当意识,为推进中华文化繁荣发展,为实现中华民族伟大复兴的中国梦贡献力量。

同学们纷纷表示,能够有机会了解传统文化,感受传统"非遗"文化的魅力,体会工匠精

神,感到非常有意义,今后要更加努力学习传统文化,增强民族自信心,将一丝不苟、精益求精的工匠精神运用到学习、生活中。

通过这次活动,广大青少年学生将中华优秀传统文化内化于心、外化于行,提升了学生的思想道德水平和道德行为规范,形成了正确的世界观、人生观和价值观,培养担当民族复兴大任的时代新人。

红桥区第八十中学中华优秀传统文化巡讲活动

为深入贯彻习近平新时代中国特色社会主义思想,围绕庆祝中国共产党成立100周年,大力开展"四史"教育,教育引导广大师生在新时代自觉弘扬践行爱国奋斗精神,做爱国奋斗精神的传承者、党和国家事业的接班人、民族复兴大任的时代新人,增强学生传承弘扬中华优秀传统文化的责任感和使命感,根据开展中华优秀传统文化巡讲工作相关要求,我校于2021年11月22日,安排组织了主题为"弘中华传统,颂礼仪文化"的专题讲座,现将活动总结如下:

我校于2021年11月22日,邀请老专家、老校长李建成入校宣

讲,郝娜副校长出席并主持了讲座,德育全体教师、各班主任以及各班学生共同聆听了此次讲座。

在我国五千年文明发展历程中,各族人民紧密团结、自强不息,共同创造出源远流长、博大精深的中华文化,为中华民族发展壮大提供了强大精神力量,为人类文明进步作出了不可磨灭的重大贡献。优秀传统文化凝聚着中华民族自强不息的精神追求和历久弥新的精神财富,是发展社会主义先进文化的深厚基础,是建设中华民族共有精神家园的重要支撑。

在专题讲座中,李建成老校长始终保持着真挚而亲切的笑容,首先他结合自身的德育工作经验讲述了礼仪是一个人内在修为的外在表现,如尊老敬贤、仪尚适宜、礼貌待人、容仪有整等,应加以弘扬与承传。其次,他引用我们日常生活中的名言,为师生们讲解了中国传统文化的精髓。最后,李建成校长表示我们尊敬师长、文明礼貌、邻里团结等,处处体现着我们礼仪之邦的风范;我们努力学习,刻苦钻研,不断把自己培养成为具有"信敏廉毅"素质的传承型人才,虽然我们现在能做的只是一些简简单单的平凡之事,但是我坚信,润物细无声,终有一天,中华民族的传统文化一定会深入人心。

少年富则国富,少年强则国强。作为一名人民教师,我们承担着培育祖国未来接班人的使命,肩上的责任重大。作为一名中学生,我们要继承和发扬中国传统文化,而中华传统文化有着自强不息、厚德载物的优良传统,它以其强大的生命力培育了一代又一代的英才,为世界的发展做出了宝贵的贡献。

此次专题讲座,教育引导了广大学生认识、了解传统文化,同时,增强了学生传承民族文化的意识,加强中华优秀传统文化教育是学校不可推卸的责任,我们在今后的工作中将继续坚持现有的教育途径,并积极探索新的教育形式,为中华优秀传统文化的传承和继承做出努力。

西青区教育局
中华优秀传统文化巡讲成果

　　为落实推进天津市教委关于推进传统文化进校园的文件精神，教育引导我区广大师生在新时代自觉弘扬践行爱国奋斗精神，做爱国奋斗精神的传承者、党和国家事业的接班人、民族复兴大任的时代新人，增强学生传承弘扬中华优秀传统文化的责任感和使命感，我区先后邀请了杨柳青年画传承人、国家级非物质遗产项目代表性传承人霍庆有老师，天津市曲艺团的曲艺表演艺术家夏炎、王洪亮老师，国家非物质文化遗产戏法代表性传承人、古彩戏法艺术家肖桂森老师走进杨柳青第三中学、师范大学第三附属小学、中北第二小学、华旭小学、实验小学五所学校进行了专场讲座和精彩演出。

杨柳青年画专场

　　霍庆有老师以图文并茂的方式、幽默风趣的语言展开讲解了杨柳青年画的历史发展，其中具有浓郁的杨柳青民俗风情。接着，霍老师介绍了天津杨柳青年画社的由来以及国家领导人对杨柳青年画的肯定和赞誉，放出一些十分经典的年画给大家欣赏，有大家喜闻乐见的传统年画胖娃娃，有第十三届全运会吉祥物"津娃"，更有为了迎接建党一百周年而创作的新作品。每一幅作品都栩栩如生,每一幅作品都倾注了霍老师的心血,每一幅作品都是杨柳青年画发展史上的标志,都闪烁着杨柳青人民风俗与智慧的光芒。最后是互动环节,霍老师带来了木版、宣纸、油墨等作画用品。霍老师亲自给师生们做示范,让大家体验作画过程。实践中,师生们跃跃欲试,争先恐后地进行实践,在其中体验着年画带来的知识与乐趣。

京韵大鼓专场

来自天津市曲艺团的两位曲艺表演艺术家夏炎、王洪亮老师把丰富多彩的曲艺节目带到了师生的面前,让师生充分感受了"曲艺之乡"的传统曲艺文化。担任主持人的是夏炎。王洪亮老师是天津市曲艺团的鼓曲名家,参加过众多的曲艺表演活动。夏炎老师是天津市曲艺团刘派京韵大鼓演员。对于两位老师的到来,同学们表示了热烈的欢迎。同时,老师们也很开心来到校园,与同学们分享曲艺文化。

活动中两位老师为同学们表演了京韵大鼓《丑末寅初》,并讲解了很多曲艺方面的知识以及进行了演唱方法的指导。夏老师和王老师的表演唤起学生了解、熟悉、热爱祖国的高尚热情。学校领导表示,此项活动办得非常好。学校自2019年开设了京韵大鼓这一课程,深受学生的喜爱。今后,还要努力营造环境,开展一些具有游戏倾向的艺术活动。只有这样,学生才能印象深刻,兴趣浓厚。今后将认真的学习、探索,再接再厉,为学生的课余生活增添色彩。

活动的开展学校本着从实际出发,积极为学生营造学习传统文化的氛围。完善图书室、班级图书角,利用板报、橱窗宣传、弘扬中国优秀的传统文化,营造"以文塑人、以文化人"的浓郁氛围。同学们畅游在书的海洋,汲取着中国优秀传统文化的精华!

古彩戏法专场

活动现场,肖桂森老师介绍了中国古彩戏法的发展历史,他提到各门派传承谱系严谨,从清朝中期第一代艺人算起,至今均有五六代传人,代代均有闻名海内外的戏法,从清朝中期第一代罗文涛、穆文庆、杨小亭、陈亚南、王殿英等人,对中国戏法技艺的提炼和表演形式的改良都产生过重大影响。天津素有"戏法窝子"之称,是古典戏法传承重镇之一。其特点在于从业人员众多,名师汇集,张宝清、韩秉谦、朱连奎等戏法宗师均始于天津。清末民初他们在"三不管"等民众聚集的游艺场所边卖艺边授徒,积年累月,促使天津民间戏法不断发展。天津戏法节目丰富多彩,秉承"手彩、撮弄、藏厌"三大体系,大、中、小型戏法均有杰作流传下来,《四亮》《平地拔杯》《海底捞沙》《水接纸连》《拉线棒子》《仙人摘豆》便是其中代表;由于长期在四面围观的环境下作艺,天津戏法形成"口彩相连"的独特风格。"彩"即是变戏法,"口"是"使口"的简称,即边说边变,表演时如话家常,娓娓道来,幽默风趣,通过与观众对话,使观众参与到表演中来,在亲切自然的交流之中掩盖了戏法的过门。这种将戏法技艺与民间口头文学交融、乡音乡情与观众交融的表演形式,使观众百看不厌。

在阐述戏法和魔术的不同之处时,肖老师提到几点:一是服装不同,我国古代几千年来,习惯于穿长袍大褂,而魔术的服装为西服或制服;二是道具不同,戏法儿的道具,大部分是日常生活用品或生产工具,如盆、碗、碟、勺、笼,而魔术道具大部分观众不熟悉,如魔术棍、魔术枪、铁皮筒、魔术缸等;三是手法不同,戏法儿的手法是"上下翻亮,经外交代",表演前向观众交代双手时的姿态,必须要亮明,把盖布里外让观众看过,魔术的手法是"上指下掏,左亮右操",当演员用手指向上空时,另一只手趁机掏出下面所埋伏的东西,故为"上指下掏"。听后,同学们深入了解了我国非物质文化遗产的戏法艺术,对保护"非遗"多出了一份现实的期待。作为新时代的优秀学子,少先队员魏东石表示要在学习科学素养的同时不忘人文情怀,坚持探索未来,也不忘传承历史,成为新时代的追梦人。

　　肖桂森老师还提到,魔术是外国的,戏法则是中国的。魔术是突出"魔"字,而戏法是"戏"字当先,让观众在笑声中体会戏法的魅力。魔术特别怕思维敏捷的观众,怕被揭秘,现在网上也有各种揭秘视频,让魔术的演出效果大打折扣。而戏法不怕,表演者不想告诉观众的,观众看不透;想让观众知道的,就"抛出去",看似演"漏"了,实则是引导观众"上当"、步步深入,最后在笑声中结束演出。这种与观众的互动,是戏法表演的重要部分,也是戏法不同于魔术的特色。"戏法,游戏之法。看似随意,实则暗藏玄机,每个招式、每句台词都是经过师父的传授和自己多年实践总结提炼出来的,得让观众笑着看完,还参不透其中之法。"肖桂森说。幽默的语言和精湛的技艺,使整个会场洋溢着欢声笑语,令少先队员们大饱眼福,禁不住拍手叫好。

　　肖老师说,戏法是非常接地气的、雅俗共赏的民俗表演,它包含了很多知识和文化,有着浓郁的天津地方文化特色。这些年他到全国各地包括很多大学去表演和讲座,都很受欢迎。他要尽己所能,尽量多去各地表演、讲座、办学习班,作为古彩戏法这项国家级非遗的传承人,他有责任把古彩戏法传承下去。本次活动让学生深刻感受到传统文化的魅力。未来，学校还会开拓多种途径，创造多种机会让学生与优秀的传统文化面对面，用传统文化这片沃土，为他们提供丰富的精神营养，陶冶他们的艺术情操，激发他们的审美创造。

东丽区教育局
中华优秀传统文化巡讲成果

为进一步学习贯彻习近平新时代中国特色社会主义思想,围绕庆祝中国共产党成立 100 周年,大力开展"四史"教育,教育引导广大师生在新时代自觉弘扬践行爱国奋斗精神,做爱国奋斗精神的传承者、党和国家事业的接班人、民族复兴大任的时代新人,增强学生传承弘扬中华优秀传统文化的责任感和使命感,组织开展中华优秀传统文化巡讲活动。

军粮城中学以巡讲拓展活动为依托开展制作手绘风筝、摄影大赛、微视频大赛系列活动。

2021年5月31日,军粮城中学小报告厅,邀请传统文化领域专家、"风筝魏"世家、国家级非物质遗产项目代表性传承人、中国工艺美术大师、中国民间文化杰出传承人、天津市民俗文化学会会长魏国秋,进行中华优秀传统文化巡讲。

活动之后,开展与巡讲内容相结合的制作手绘风筝活动。以班级为单位制作形状各异的风筝,手绘党史、建党百年、颂祖国等爱国图案,一起放飞理想,放飞对祖国的美好祝福,通过实践和展示活动,将此次活动推向高潮。最后评比出班级风筝手绘一、二、三等奖,进行表彰。

通过纸鸢放飞活动,每班上传2张学生绘制风筝过程的照片和此次活动的微视频,评比出摄影作品一、二、三等奖和微视频制作一、二、三等奖,进行表彰。

钢管公司中学开展了"庆祝建党百年,传承红色基因""传承传统文化""高雅艺术进校园相声专场"活动。

5月18日天津钢管公司中学特聘请天津市曲艺团副团长、国家二级演员李梓庭老师为大家带来了精彩的听觉盛宴。

活动伊始,李梓庭老师分享自己在相声生涯中拼搏的励志故事,鼓励每位学生一定要通过不懈的努力来实现自己心中的梦想。接着为

大家带来骆玉笙先生的京韵大鼓《重整河山待后生》，五曲连唱《唱响乾坤》，群口快板《五彩缤纷》。大家被艺术家们扎实的基本功惊艳，现场的气氛被一次次地推向了高潮。与此同时，在场的同学们也深刻体会到了我国语言艺术的博大精深，感受到我们民族的伟大与坚强。

学校快板社团和相声社团的同学们走上台与李老师互动，李老师手把手地教学生如何打快板，启发学生做任何事情都要付出辛苦，台上一分钟，台下十年功。李梓庭老师用幽默的语调为我们讲述了中国地方方言的魅力，完美演绎传统快板与流行音乐的融合，深度切合了"高雅艺术进校园"活动主旨。

此次巡讲活动是"优秀传统文化进校园"的一项重要举措，通过活动让师生亲身接触到我市的传统文化名人，现场得到艺术大师或文化传承人的指导，了解优秀的民族文化艺术和人类文化成果，有助于帮助学生树立正确的历史观、民族观、国家观、文化观，它对提升校园文化品位、优化育人环境、推进学校美育改革发展具有十分重要的意义，使中华优秀传统文化得到活态传承。

北辰区教育局
中华优秀传统文化巡讲成果

　　为进一步学习贯彻习近平新时代中国特色社会主义思想,围绕庆祝中国共产党成立 100 周年,引导广大师生在新时代自觉弘扬践行爱国奋斗精神,做爱国奋斗精神的传承者、党和国家事业的接班人、民族复兴大任的时代新人,增强学生传承弘扬中华优秀传统文化的责任感和使命感,北辰区学生综合素质发展中心高度重视,提前谋划,积极邀请有知名度的专家学者入校宣讲。

一、思想上高度重视　大力宣传活动的重要意义

　　中华优秀传统文化承载着中华民族五千年的灿烂文明,代表着中华民族独特的精神标识,是中国特色社会主义根植的文化沃土。在中国共产党成立 100 周年之际,在中小学加强中华优秀传统文化教育,是培养学生继承中华优秀传统文化,推动文化传承创新,建设社会主义先进文化的奠基工程,是培养学生学习能力、行为规范和文化素养的养成工程,也是培养学生珍视祖国优秀文化,增强民族自尊、文化自信和爱国情感的提升工程,对引导学生树立正确的世界观、人生观、价值观,坚定中国特色社会主义道路自信、理论自信、制度自信、文化自

信，自觉践行社会主义核心价值观，增强实现中华民族伟大复兴中国梦的理想信念，具有重要意义。

二、思路清晰　确保活动顺利开展

1.明确目标　落实活动方案

开展"戏曲进校园"主题教育活动。各中小学根据学校、学生实际，将戏曲知识引进音乐课堂教学和艺术教育活动中，加大戏曲课堂教学力度，让学生了解、掌握戏曲知识，感知戏曲艺术魅力；组建戏曲兴趣小组或社团组织，组织中小学生学习戏曲知识、参与戏曲排演等活动，激发学生对戏曲艺术的兴趣爱好，为校园戏曲群体和个人提供学习交流平台，推动校园戏曲兴趣养成，并鼓励开展校际交流合作。

邀请传统文化名家、民间艺人、技艺大师、非物质文化遗产传承人等进校园、进课堂；利用网络信息平台，开展形式多样、内容丰富的校

内、校际优秀传统文化教育学习交流活动,全方位营造优秀传统文化教育良好氛围,促进中华优秀传统文化教育不断深化。

2.资金保障活动开展

本次活动投资十万余元,举办"戏曲进校园"演出10场,将戏曲名家名段请进学校,让两千余名学生现场感受戏曲魅力。把戏曲教学纳入美育课程和社团活动,举办戏曲专场演出,九百余名师生参与。推荐瑞景街辰昌路小学、杨嘴小学等6所学校的6个优秀传统文化传承项目,参加天津市中华优秀传承学校评比。

三、取得的成果

1.丰富了艺术工作内涵

活动的开展,推动了学生及教师的艺术审美素养的提高。师生的精神面貌得到较大的改观,有效地促进了我区学生传统文化教育的全面实施。

2.提高了学生对传统文化的理解

经典戏曲不仅腔调节奏优美,而且意蕴深刻,境界动人,是对青少年进行爱国主义教育,培养学生初步树立正确的人生观和道德情操,陶冶高尚情趣的重要教材。

3.全面提升了学生的综合素质

巡讲活动,一是激发了学生对传统戏曲艺术的兴趣,形成了良好的学习氛围;二是开拓了学生的视野;三是部分学生还初步掌握了演唱的方法；四是锻炼了学生各方面的能力，艺术鉴赏力得到了极好的锤炼。

4.提高了教师的文化底蕴和职业道德操守

开展传统文化巡讲活动，学校教师主动参与，广泛融入，极大地丰富了自身的文化底蕴。

中华民族优秀传统文化巡讲活动为全区师生提供了非常丰富的养分，让更多的人关注学校的特色创建，更多的时间关心学生的进步成长，为学生的健康发展营造了良好环境。活动开展以来，我区虽然做了很多工作，取得了一些成绩，同时也积累了经验，但在实践过程中也感觉到需要更进一步加强传统文化的学习和弘扬，活动的形式还可以再多样化。相信在全体师生的共同努力下，我区的传统文化工作定会有所突破！

静海区教育局
中华优秀传统文化巡讲成果

2021年是中国共产党成立100周年,为隆重纪念党的百年华诞,全面回顾党的奋斗历史,热情讴歌党的光辉业绩,继承和发扬党的光荣传统与优良作风,进一步增强党组织的凝聚力和战斗力,进一步坚

定广大党员干部、教师、青少年学生的理想信念,激发青少年的历史责任感,不断开拓党史学习教育的新途径,营造浓厚的党史学习氛围,5月21日,静海区梁头镇西柳木小学开展了"方寸之间学党史 知史爱国共前行"暨庆祝建党100周年邮展主题宣讲活动,取得可喜成效。

一、组织精心

本次活动校领导高度重视,在张校长的亲自安排下,由德育处牵头,精心设计本次活动各环节。从邮展的布置、班级的安排到活动中学生活动的安排等,进行了精心的组织,确保活动圆满完成,取得预期效果。

获悉我校在开展百年党史学习活动,静海区邮协同志积极协调、配合、联络,并经天津市邮协批准,与我校开展合作。在静海区邮局的大力协助下,我们有幸邀请到天津集邮研究会副会长何平老师担任此次宣讲活动主讲人。静海集邮协会创始人孙革老师、静海邮电局副局长刘子谦、集邮与文化传媒部陈德坤主任等也一同出席参加了本次活动。

主讲人何平老师,现任天津市集邮协会理事、学术委员、天津集邮研究会副会长、中国银行天津市分行集邮协会秘书长。2004年,编组的开放类邮集《抗击非典》参加了"纪念天津建城600年暨天津市第七届集邮展览",获一等奖,在比利时邮展一举夺得"2006比利时世界邮展"金奖加特别奖,填补了我国开放类邮集在世界邮展获金奖的空白,为祖国赢得了荣誉。《中国共产党百年光辉历程》专题邮集获2021年上海全国邮展银奖。

二、宣讲精彩

为了此次宣讲活动,何平老师精心准备课件,做足了功夫,为少先队员们呈现一堂生动活泼的宣讲课打下了坚实的基础。在课堂中,少先队员们跟随何平老师,在一枚枚邮票中领略了中国共产党领导全国各族人民争取民族独立、人民解放、国家富强、人民幸福的光辉历程,跟随何平老师回到那个"革命理想高于天"的觉醒年代,少先队员们更深刻体会到真的如歌词所唱,"没有共产党就没有新中国",我们今天的幸福生活源于我们伟大的党,更深刻地体会到中国共产党立志于中华民族千秋伟业的不变初心。

邮展上,一枚枚栩栩如生的邮票映入同学们的眼帘,何平老师深情而又悉心地为同学们讲解了每一枚邮票中的红色历史,同学们认真聆听、细心笔记、仔细揣摩,在方寸之间感悟百年党史的思想伟力。在一张张邮票前同学们驻足站立，久久不愿离去，仿佛在聆听历史的回响，仿佛在回望百年的抗争。

百年征程，波澜壮阔；百年探索，苦难辉煌。"中国共产党立志于中华民族千秋伟业，百年恰是风华正茂。"而邮票好似一张张名片，记录着中国共产党建党以来的重大历史事件，从中共一大召开，到浙江嘉兴南湖红船；从八一南昌起义，到井冈山胜利会师；从万里长征、遵义会议，到新中国成立、抗美援朝、中共八大；从两弹一星、十一届三中全会，到香港、澳门百年回归、北京奥运会；从抗洪赈灾、抗击"非典"、抗震救灾，到中共十八大、中共十九大、抗击疫情等，历经苦难，绽放辉煌，这些邮票是我们共和国历史的见证者，更是我们党 100 年光辉历程的讲述者。

同学们特别感谢何平老师带来的精彩纷呈的集邮展、集邮课，活动结束后，纷纷拿着笔给何平老师写信，与何平老师分享他们课上的收获。通过集邮展和宣讲课，同学们更加深刻理解了"我们为什么要热爱中国共产党"这一朴素的真理！作为新百年征程的主力军、生力军。同学们纷纷表示，一定会听党话、感党恩、跟党走。同心向党，奔赴远方。

三、收获满满

本次邮展宣讲活动，围绕立德树人根本任务，积极培育和践行社会主义核心价值观，帮助广大青少年"扣好人生第一粒扣子"的重点推进活动。本次活动使同学们近距离走进了集邮文化，触摸了百年党史，感受了方寸之间积淀的历史文化，体会了今天的幸福生活来之不易，不仅激发了同学们的集邮热情，更激发了同学们赓续红色基因，传承革命先烈精神血脉的历史责任感，为同学们树立远大理想打下了坚实的基础。

本次活动以党的百年峥嵘岁月为切入点，通过艺术的形式，展现中国共产党人领导中国人民努力奋斗的历程，努力营造和谐向上、健康文明的和美校园文化氛围，使同学们在积极的参与中体验集邮的快乐、培养乐观进取的精神，激发了同学们爱生活、爱集体、爱校园、爱党、爱祖国的美好情感。

武清区教育局
中华优秀传统文化巡讲成果

　　为进一步学习贯彻习近平新时代中国特色社会主义思想，围绕庆祝中国共产党成立100周年，大力开展"四史"教育，教育引导广大师生在新时代自觉弘扬践行爱国奋斗精神，做爱国奋斗精神的传承者、党和国家事业的接班人、民族复兴大任的时代新人，增强学生传承弘扬中华优秀传统文化的责任感和使命感，武清区教育局在全区中小学开展了中华优秀传统文化巡讲活动。

一、绘制美丽脸谱，弘扬传统文化

　　为弘扬中华传统文化，感受脸谱这一国粹经典形式，南蔡村镇莲胜小学、曹子里中心小学邀请胡艳丽、杨贵雅老师来学校开展"戏曲进校园，画脸谱，了解国粹"巡讲活动，两校共计一千余名学生参加了此次活动。此次巡讲，让学生们了解到京剧是集中国戏曲之大成，是一门综合性的艺术，具有综合性、虚拟性、程式性三大艺术特征，生、旦、净、丑，唱、念、做、打，手、眼、身、法、步，每一曲都有一则故事。看后让人明善恶、冶情操、振精神、增强民族自豪感，有益身心健康。两位老师向学生们普及了京剧知识，还教授学生们绘制京剧脸谱的技巧，学生们在老师的指导下完成了各式各样的京剧脸谱,巡讲活动趣味无穷,学生们收获颇丰。通过本次活动,学生们在绘制京剧脸谱的同时,对中国传统文化有了更深的认识,让学生们和中国传统文化的距离拉近了,为中国传统文化的宣传做出自己的贡献,学生们在巡讲活动中感受到中国传统文化的魅力。

二、观看戏剧表演,了解传统文化

为弘扬社会主义核心价值观,让学生深入了解中华优秀戏曲文化,丰富校园文化生活,培养学生鉴赏能力。2021年9月,邀请天津青年京剧团来到杨村十七小、崔黄口镇中心小学等6所学校为学生们奉献了精彩的京剧演出和戏曲专家讲座。巡讲活动中,学生们首先观看了"戏曲进校园"主题视频。视频从戏曲起源、发展说起,展现了京剧前辈为国粹事业呕心沥血的奉献与坚守。之后剧团演员给学生们带来了京剧《钓金龟》《天女散花》《借扇》等优秀曲目,让大家零距离感受戏曲的魅力。精湛的演技、精美的装扮、优美的唱腔,深深吸引了在场的师生。演出结束后,剧团演员为学生们安排了体验环节,学生们登上舞台,在演员们的指导下认识服饰、头饰、脸谱,还学习了指法、站姿等京剧常识,让学生们进一步感受传统文化的博大精深。

2021年武清区教育系统开展中华优秀传统文化巡讲活动,为学生们了解中华优秀传统文化、热爱中华优秀传统文化提供了很好的契机,让学生们丰富了眼界,增强了文化自信。

2021 巡讲成果　大学组

宝坻区教育局
中华优秀传统文化巡讲成果

为进一步学习贯彻习近平新时代中国特色社会主义思想,围绕庆祝中国共产党成立100周年,大力开展"四史"教育,教育引导广大师生在新时代自觉弘扬践行爱国奋斗精神,做爱国奋斗精神的传承者、党和国家事业的接班人、民族复兴大任的时代新人,增强学生传承弘扬中华优秀传统文化的责任感和使命感,宝坻区教育局2021年组织了中小学中华优秀传统文化系列活动。

2021年宝坻区中小学中华优秀传统文化系列活动以"薪火相传百年路 青春扬帆正当时"为主题,宝坻区教育局高度重视,细致落实。我们坚信学校是文化创造和传播的重镇,是坚定学生文化自信的前沿阵地,坚定文化自信是有效开展思想政治教育的重要保障。我区高度重视本次活动,结合疫情防控实际要求,认真组织,开展好访谈实践、巡讲和优秀作品、优秀团队推荐工作。各学校广泛动员,充分调动师生的参与积极性,不断提升作品的数量、质量,提高团队的素质水平。创新宣传途径,发挥网络新媒体作用,营造良好的传统文化学习交流氛围。各学校严格按照规定时间、标准和规则,合理推进征集、比赛、巡讲等活动进程,坚决杜绝各类弄虚作假行为,确保活动取得良好效果,确保比赛公平、公正、公开。

　　各学校充分发挥课堂主渠道作用,加强课程思政、专业思政建设,把爱国奋斗精神有机融入思想政治理论课、哲学社会科学及相关学科专业课程。深化爱国奋斗精神研究阐释,总结提炼学校改革发展历史中的爱国奋斗精神元素,不断凝练新时代爱国奋斗精神的文化内涵和时代意义。2021年是中国共产党成立100周年,百年恰似风华正茂,中国共产党在百年的时间里,在中国乃至世界的政治舞台上,谱写了一部部辉煌壮丽的历史诗篇。开展专题研修培训,将爱国奋斗精神作为青年学生国情研修、业务培训的重要内容,引导他们与党同心同德、爱国报国。组织学习研讨,通过报告会、座谈会、学生主题班会、党支部"三会一课"等,引导师生大力弘扬爱国奋斗精神,把个人理想融入国家发展伟业,切实增强对党和国家奋斗目标的思想认同、情感认同、价值认同。

各学校拓展课堂内外、网上网下爱国奋斗教育平台载体,营造浓郁的校园文化氛围,使师生处处受到爱国奋斗精神的感染。充分利用线上资源载体,把党史、新中国史、改革开放史、社会主义发展史作为思想政治教育的生动教材,深入挖掘校史、院史、学科史、人物史等网上教育资源,运用电影、电视、歌曲、戏剧、小说、诵读、动漫、微电影、公益广告、绘画、创作诗词、书法等多种艺术形式,讲好老一辈知识分子和新时代优秀知识分子的感人事迹,激发广大师生的爱国情怀、奉献精神和奋斗活力,让师生读懂模范楷模的精神,感受榜样的力量,看到前进的方向,持续激发青年学生爱国、爱党、爱社会主义的巨大热情,增强道路自信、理论自信、制度自信、文化自信,做到不忘历史、不忘初心。

以庆祝中国共产党成立 100 周年为主题,各学校创新形式载体,广泛开展社会实践、创业就业、岗位建功等社会实践活动。加强学校、家庭、社会育人力量整体协同,教育引导广大师生从感性到理性、从自

在到自为,激发爱国、爱党、爱社会主义的巨大热情,凝聚奋进新时代、实现民族复兴的磅礴伟力。引导学生开展志愿服务实践活动,激发师生创新创造活力、爱国奋斗激情。

2021年,我们邀请中国书法家协会会员、天津市河西区书法家协会主席、天津市河西区美术家协会副主席、美术特级教师窦宝铁,天津市美术家协会会员、"牡丹张"传人、长期从事杨柳青年画、花鸟画创作的冯宇锦,著名评剧表演艺术家、天津市戏剧家协会副主席、天津评剧白派剧团团长、国家一级演员、天津市政协委员、非物质文化遗产继承人王冠丽,著名京剧表演艺术家、原天津京剧院院长、国家非物质文化遗产传承人、天津市政协委员王平,天津市民间文艺家协会副主席、剪纸艺术委员会会长、中国民间艺术家协会会员李强5位专家老师来宝坻传经送宝。由于疫情原因,只有冯宇锦老师的授课得以实现。通过专家的传经送宝,我区参加学习的五十多位美术教师反映受益匪浅,不仅学到了绘画牡丹的技艺技法,而且学到了在绘画工作中不断追求、严谨求实的花匠精神。

2022年，我们期盼更多的专家老师深入基层，为我们传经送宝，引导我区广大师生在新时代自觉弘扬践行爱国奋斗精神，做爱国奋斗精神的传承者、党和国家事业的接班人、民族复兴大任的时代新人，增强学生传承弘扬中华优秀传统文化的责任感和使命感。

蓟州区教育局
中华优秀传统文化巡讲成果

一、概述

本学期组织中国传统文化主题巡讲共五场。以双减微课堂的形式，以多媒体视频全区播放。

本次讲座以中国传统文化为主题，分别介绍了中国民族吹管乐、中国胡琴、中国书法、中国剪纸、拓彩青铜。这些优秀的传统文化是中华民族的文化根脉。中华传统文化是中华文明成果根本的创造力，是民族历史上道德传承、各种文化思想、精神观念形态的总体；中国传统文化博大精深，源远流长，在一代又一代中国人心里生根发芽，并且影响着我们的性格和生活方式。在这样一个文化背景下，中国人养成了自己独有的特色风格。而中华文化的传承也必然少不了一代代青年的热爱与学习，此次巡讲以多媒体与微课堂的形式向学生们介绍了一些中华传统艺术形式。

二、讲座内容概览

专家姓名	所在学校	讲座主题	讲座时间
王曌辉	蓟州区第九小学	传承中华文化——弘扬剪纸艺术	2021年9月28日
李双廷	蓟州区渔阳镇仓上屯初级中学	中华优秀传统文化——中国胡琴的魅力	2021年10月15日
王帅	蓟州区康各庄中学	弘扬优秀传统文化——民族吹管乐	2021年10月27日
杨连山	蓟州区渔阳中学	中国书法——王羲之《兰亭序》赏析	2021年11月10日
刘瑞玲	蓟州区下窝头镇初级中学	文化传承——拓彩青铜	2021年11月21日

三、讲座内容

中国剪纸讲座

主讲教师：王曌辉

王曌辉，蓟州区第九小学美术教师，2018年水彩风景画入选天津市美术家协会举办的天津市水彩画第十二届作品年展；参加市区级中小学美术教师基本功评比活动，获区级一等奖、市级三等奖；2019年被聘为天津市蓟州区教育教学研究室美术学科兼职教研员；2020年新冠肺炎疫情期间，设计了大型抗疫剪纸《中国记"疫"》，获得市级一等奖,并纳入天津市爱国主义教材汇编;2020年,蓟州区宣传部拍摄《美丽蓟州》大型宣传片,设计了宣传片开篇剪纸,并协助区融媒体中心完成了剪纸传承主题的拍摄工作;2020年被蓟州区教育局聘为蓟州区中小学教育专业指导委员会美术专业委员;2021年获得第三批全国中小学中华优秀传统文化教师传承奖。

剪纸是我国优秀民间传统艺术,蕴含着悠久的历史文化,是民族艺术中的璀璨奇葩。几千年来形成的剪纸艺术是我国宝贵的文化资源,是小学艺术、美术课程重要的组成部分,更是弘扬民族文化,振奋民族精神的极好教育资源。剪纸艺术进入小学美术课堂,不但可以从小培养学生对祖国文化艺术的热爱,培养学生对民间艺术的情感,还可以培养学生的想象力、创造能力和动手能力,提高学生的审美情操。

民族吹管乐讲座

主讲教师：王帅

王帅，蓟州区康各庄中学音乐教师，擅长唢呐、葫芦丝、巴乌等民族乐器演奏，2016年5月加入河北省音乐家协会民族器乐艺术委员会，2018年与恩师成功申报"唢呐手工修堂技艺"非物质文化遗产，2020年11月被聘为蓟州区中小学艺术教育专业指导委员会器乐专业委员。

中华传统文化中蕴含着丰富的知识，可以使新一代中国人更加了解古代人民的智慧，民族音乐文化是中国传统文化的重要组成部分，传承中国传统文化是教育的首要目标。讲座中对民族吹管乐中的唢呐、葫芦丝、巴乌等乐器的起源、发展、结构、名家及代表作品进行讲解，并将每件乐器逐一进行示范，希望能够激发起青少年学生对民族吹管乐的热爱。

中国书法讲座
主讲教师：杨连山

杨连山，蓟州区渔阳中学书法教师，中国书法家协会会员，中华诗词学会会员，天津市书法家协会理事，天津市书法学科中心组成员。蓟州区教育局书法学科专家组组长，区教育系统美术书法工作坊坊主，区教师发展中心书法专家，区书法兼职教研员。曾获得全国自作诗词书法大会第一名，全国青少年书法教师书法大赛三等奖，国际诗酒文化大会诗词书法双优秀奖，首届全国诗经杯书法大赛三等奖，沈鹏杯诗书画大奖赛获奖提名。作品被中国美术馆、天津美术馆等收藏。曾获得天津市优秀青年书法家、中国书法家协会先进个人等荣誉称号。

中国书法历史悠久、博大精深，传承中华文明，弘扬民族文化。通过学习中国书法可以帮助学生认识到作为世界非物质文化遗产的书法在世界文化艺术宝库中的重要地位；了解中国书法经过五千年发展，形成了篆书、隶书、草书、行书、楷书五大书体，不同书体具有不同的美；认识到学习书法可以培养细心、恒心和信心；可以培养发现美、欣赏美和创造美的能力；可以涵养性灵，陶冶情操，感受艺术的美好，人生的美好。

胡琴讲座
主讲教师：李双廷

李双廷，蓟州区渔阳镇仓上屯初级中学音乐教师。山西省临汾市尧都区音乐舞蹈家协会副主席、二胡协会理事，七岁即跟随临汾眉户剧团老艺术家温喜庆老师学习二胡，十五岁师从于中国戏曲学院民乐系主任牛长虹教授及天津音乐学院王舒副教授学习板胡。2014年以优异的成绩考入天津音乐学院民乐系，入校后随张巍教授学习，参演在天津音乐厅举办的红军长征胜利八十周年和慰问天津武警指挥学院等多项重要演出。2020年11月被聘为蓟州区中小学艺术教育专业指导委员会器乐专业委员。

中华优秀传统文化是中华民族的文化根脉,民族音乐文化是中国传统文化的重要组成部分,本次讲座的主题是中国胡琴的魅力,胡琴是中国传统民乐中拉弦乐器的统称,历史悠久、形制独特,也是民族器乐中重要的组成部分,通过讲、演、欣赏的方式让大家直观地感受中国胡琴的魅力,传承中华优秀传统文化。

拓彩青铜讲座

主讲教师：刘瑞玲

刘瑞玲，蓟州区下窝头镇初级中学美术教师，被天津市精神文明建设委员会评为市级少年宫优秀辅导员。两次被聘为天津市蓟州区教育教学研究室美术学科和劳技学科兼职教研员，2020年被政协蓟州区第一届委员会评为优秀政协委员。四次被蓟州区教育局评为校园文化艺术节先进个人。2019年在蓟州区教师基本功校徽设计评比中获得区一等奖。《拂羽》《山林图》等数十幅作品在校园艺术节上获奖，两幅作品选登在县级刊物上。一直把"你教室里的每一个孩子，都是一个家庭的全世界"铭记于心并身体力行，保持一颗充满着爱和责任的心，指导学生多次获得市级、区级奖。

拓彩青铜是以拓彩纸版画的形式让学生认识青铜器，把版画知识再延展到传统文化当中去，把传统文化与版画结合起来，让学生在亲手制作的过程中感受中国古代青铜器不但有很高的艺术欣赏价值，而且有很高的科学研究价值。青铜器的造型艺术高超，如同一幅字、一幅画，给人以赏心悦目的艺术享受。青铜器的艺术魅力不仅表现在构思巧妙的形态、富丽精致的纹饰，还有风格多样的铭文书体。

四、总结

历史是最好的教科书，中华优秀传统文化是最深厚的文化软实力。文脉延续，国之强大，离不开赓续历史传统、守护文化瑰宝。可以说,支持优秀传统文化就是丰富我们的精神世界,扶持优秀传统文化就是守护共同的精神家园。希望此次以多媒体与微课堂为形式的讲座能让更多的青年、儿童认识、学习传统文化,努力传承、发扬光大,让中华优秀传统文化扎根于心、蓬勃生长。

滨海新区教体局
中华优秀传统文化巡讲成果

天津市滨海新区大港第八中学
弘扬传统文化　书法走进校园

书法是中华民族的文化瑰宝，是人类文明的宝贵财富，是基础教育的重要内容。大港八中一直致力于促进学生的全面发展，为传承中华民族优秀文化，培养爱国情怀，提高学生思想素质、智能素质、审美素质以及强化人格力量，2021年5月14日，我校邀请天津市书法家学会唐云来老师为我校近六百名师生进行中华优秀传统文化书法讲座，同时，也邀请了大港地域书法界曹治中等名家一起观摩。

首先，在讲座开始之前，校领导、书法名家与唐云来老师进行了亲切友好的谈话，听取了可以有效帮助学生提高书法的建议。随后，唐云来老师面向八中师生开展了一堂深入浅出的书法课，从书法中蕴含的中华传统文化到当场演示一幅幅艺术品如何写就，带给听课的师生很大收获。

唐老师告诉学生，学书法不仅是弘扬传统文化，写书法过程中的坐姿、用笔都蕴涵了做人的道理，为成长中的学生带来了要求进步的

新途径。学生深刻理解了笔下的汉字运载着华夏千年的光阴,一字千钧重,一言一行、一笔一画都在提醒学生"君子慎独"。通过这次活动,学生不仅在日常书写中更加整齐,自发地展开练字活动,在遵守校规校纪等方方面面也展现了新的精神面貌。

一堂书法课,谆谆教导情,既弘扬了传统文化,也是对学生日常行为规范的一次教育。

宁河区教育局
中华优秀传统文化巡讲成果

宁河区北淮淀镇乐善庄小学
中华优秀传统文化巡讲活动

　　为了让孩子们领略中国戏曲艺术的魅力，弘扬、传承地方戏曲文化艺术，推进学校艺体工作的发展进程，促进学校教育教学工作顺利开展，丰富校园文化生活，2021年5月11日下午，我校荣幸邀请到了评剧表演艺术家、评剧名师、著名评剧表演艺术家新翠霞的亲传弟子、特级教师、国家一级演员、评剧刘派第三代优秀传人、当今评剧刘派艺术代表人物吴博莉老师走进乐善庄小学，以"挖掘民间艺术资源　传承戏曲文化"为题为乐善庄小学的孩子们带来了一场别开生面的戏曲进校园讲座。

　　已过花甲之年的老艺术家吴博莉倾情为孩子们讲解了评剧的相关知识，小百花评剧团的老师们还带领乐善庄小学评剧传习班的学员在现场做了精彩的演唱，吴博莉老师对同学们的表演一一进行点评，

并给出了专业的指导意见。

讲座间隙，吴博莉老师带领评剧名师们表演了多个评剧名段，会场时时传出热烈的鼓掌声、喝彩声，师生受益匪浅。孩子们在欢声笑语中陶冶了情操，培养了正确的审美观，在感受民族戏曲独特魅力的同时，增强了孩子们的民族自信心。

戏曲历史悠久，博大精深，源远流长。将戏曲融入教育，让我们的传统文化继续传承下去，学校将坚持学习与欣赏相结合，课内与课外相结合，让学生在亲身体验中培养审美、鉴赏能力。让戏曲走进校园，融入生活，营造向真、向善、向上、向美的文化氛围，让戏曲之花开遍校园，让中华文明发扬光大。

宁河区七里海镇任凤庄小学
用中华"非遗"剪纸宣传 4·15 全民国家安全教育日

2021年3月初,王金焕老师接受天津市安全局、宁河区委国安办和教育局的通知要求,用中华"非遗"剪纸宣传4·15全民国家安全教育日,在历时两个月的工作中,王金焕老师倾尽全力,以非遗传承人和党员的责任去尽力为这次安全教育日夜以继日制作4块张牌,和学生一起完成3个长4米多的剪纸卷轴,从教育学生和进行创作两个方面进行。

国家安全法规定,中华人民共和国公民、一切国家机关和武装力量、各政党和各人民团体、企业事业组织和其他社会组织,都有维护国家安全的责任和义务,任何个人和组织不得有危害国家安全的行为。居安思危,大国长安。《国家安全法》将每年的4月15日定为全民国家安全教育日。4月8日,天津市国家安全局联合宁河区委国安办在

宁河区七里海镇任凤村举办国家安全宣传教育活动。

为进一步推进综合实践活动课程有效实施，落实劳动教育，服务全面育人，2021年4月8日上午，区教师发展中心体美劳教研部在七里海镇任凤庄小学开展宁河区小学综合实践活动课程（剪纸）成果交流展示活动。全区小学综合实践活动课中心教研组成员和8所综合实践基地校骨干教师参加了活动。随着国家《深化新时代教育评价改革总体方案》的落实和天津市《关于全面加强新时代大中小学劳动教育的若干措施》的出台，落实《中小学综合实践活动课程指导纲要》有了更强大的后盾和更开阔的空间。全区综合实践活动课程聚焦开发资源、优化课程，一是立足校内，整合教师、学科课程、素质拓展课程、

网络教室、自然环境等优势,开发校内课程资源;二是放眼校际、家庭、社区、村队、街镇、区域、基地、特色文化、生活热点等,开发校外课程资源。学校、教师、教研发挥职能,根据学生全面发展的需要用心开发、有心研究、有心落实,校内外资源整合,化资源为课程内容,让课程入脑入心,为构建德智体美劳全面培养的教育体系作贡献。

宁河区"非遗"项目(剪纸)传承人、芦台一小王金焕老师作为任凤庄小学综合实践课特邀教师,上了一节题为"剪出精彩世界"的展示课。王老师用心体会、挖掘生活中的素材,指导学生从学习生活、家庭生活、社会生活和自然生活中提炼主题,用剪纸这种艺术形式表现出来,既激发学生的探究兴趣,又弘扬优秀传统文化、培养学生动手实践能力,王老师在课上给观课教师作了示范,带来了全新的体验和思考;课后,观课教师与王老师作了互动交流,还参观了王老师和学生们的剪纸作品。

展示日当天视频车播放着国家安全教育宣传片,40块展牌上详细介绍了国家安全相关知识及案例。将国家安全意识融入剪纸艺术,在这次活动中,王金焕老师结合小学综合实践课程中设计制作这一项

目,在任凤庄小学进行了专题讲座。任凤庄小学的孩子们跟着宁河区剪纸"非遗"传人王金焕学习剪纸,了解国家安全知识。王老师在认真学习总体国家安全观后,用了将近一个月构思完成了这五十来幅剪纸,每幅剪纸都含有十个以上元素,分别从政治安全、国土安全、军事安全等16个领域展现了国家安全知识。

观国家安全教育宣传片,学国家安全剪纸,绘长城"防线"……国家安全教育进乡村,增强村民对保护国家安全、反恐怖主义、反间谍行为和邪教危害的认识,营造维护国家安全人人有责的良好氛围,让国家安全观念深入人心。

本次活动圆满完成，宣传活动现场画面被中央电视台采纳，于4月15日《新闻联播》节目整点播出，宣传效果超出预期。天津市安全局写来感谢信，对本次活动中做出突出贡献的单位领导及非遗传承人王金焕老师表示诚挚的谢意。本次活动被天津津云台播出后，又分别被几家地方媒体平台转载，为全民国家安全教育日的宣传做出了突出贡献。

宁河区第四幼儿园
传承版画之美　浸润幼儿心灵

版画是中国传统民间艺术，是中华宝贵的文化遗产。习近平总书记多次强调要传承和弘扬中华优秀传统文化。幼儿教育是基础教育，将传统的版画引入幼儿园课程，对于实现传统文化的传承，促进幼儿全面发展，推进幼儿园课程开发都具有重要的作用。为进一步形成幼儿版画教学特色，开展科学规范适合幼儿年龄特点的版画活动，近期，我园聘请少年宫李林荣老师来园进行传统文化进校园主题讲座，以此提高师幼双方教与学的能力。

《幼儿园教育指导纲要》中指出：在艺术活动中面向全体幼儿，鼓励他们用不同艺术形式大胆地表达自己的情感、理解和想象，尊重每个幼儿的想法和创造，让每个幼儿都得到美的熏陶和培养。幼儿园版画活动就是让幼儿在制作的过程中，首先充满自信，同时激发他们内在的学习动机、创作欲望，使他们愉快地接受教育，成为学习的主人。通过传统文化进校园主题活动，幼儿园、教师、幼儿不同层面都获得了新的收获。

一、提升认识，把握精髓

在幼儿园开展中国传统文化版画教学的实践与研究，首先要激发幼儿对中国传统文化的兴趣，萌发民族自豪感。版画的创作过程，对于幼儿来说，是一项图画和手工的综合活动。幼儿臂力较弱，手腕和手指的配合还欠精确，感觉比较笼统，概念模糊，往往会形成画、刻、印全过程中出现很多偶然效果，正是这些偶然的因素使得幼儿版画产生一种天真稚拙、

纯朴自然的童趣。通过对活动的接触和学习,幼儿对中国传统文化的兴趣明显增强。

二、理清思路,两措并举

一是要做好版画教学内容的选材。《3—6岁儿童学习与发展指南》指出:"教育活动内容的组织应充分考虑幼儿的学习特点和认识规律、注重综合性、趣味性、活动性,寓教育于生活、游戏之中。"而幼儿版画正是融画、剪、贴、印为一体的综合手工制作活动,能满足幼儿喜欢动手的愿望和要求,同时还锻炼幼儿克服困难的顽强意志。儿童版画教学相对现行的新标准在许多地方体现出它存在的必要性和前瞻性,在多方面可以找到它们的交融点和生命力。从幼儿兴趣、情感体验出发,确立适宜的内容,这样才能把灿烂的文化内容进行传承,让孩子们受益匪浅。

二要提升教师教学素质。要使版画教学释放出魅力,课程获得成功,要求教师必须有良好的综合素质,能选用有效的方法深入浅出的教学尤为重要,努力建立一支观念新素质好的教师队伍。

三、潜移默化,浸润心灵

在日常生活中让孩子对版画产生兴趣,一是具有爱心、耐心、热心的老师;二是要有一套科学的儿童版画教育方法。这样才能去发掘蕴藏在孩子身上的艺术潜能,去雕琢幼儿这块纯朴的玉料。从幼儿的年龄特点出发,注重在活动中的亲身感受、体验,通过玩耍、游戏等体会传统文化的魅力,让优良传统在孩子们幼小的心里萌芽。

总之,只有真正地在实践的过程当中,一面去思考,一面去实践,教师的专业能力和幼儿才能得到发展。我们有信心将"传统文化进校园"做精、做实、做细,以实际行动向家长乃至社会递交满意的答卷。

宁河区芦台第一中学
弘扬传统文化　学习阳明心学
——中华传统文化宣讲

主讲人：

芦台一中中华传统文化宣讲员赵军玉老师

宣讲主题：

弘扬传统文化　学习阳明心学

宣讲主旨：

我国传统文化博大精深，学习中华优秀传统文化对我们每个人的教育意义重大，传统文化，能够指导我们的言行举止、衣食住行，帮我们养成良好习惯，成为一个有素质、有涵养的中国人。

宣讲内容：

赵军玉老师以"弘扬传统文化　学习阳明心学"为题，围绕党的十九届六中全会精神和习近平总书记重要讲话精神，阐述了以习近平同志为主要代表的中国共产党人，坚持把马克思主义基本原理同中国具体实际相结合、同中华优秀传统文化相结合，坚持毛泽东思想、邓小平理论、"三个代表"重要思想、科学发展观，深刻总结并充分运用党成立以来的历史经验，从新的实际出发，创立了习近平新时代中国特色社会主义思想。

赵军玉老师还通过对《中庸》《大学》等中华传统经典文化精华的

解读，结合自己多年的学习工作经验，就青年学子如何树立正确的人生观、价值观，如何修身齐家等进行精彩讲授，并在最后寄语：希望大家多学习中华传统经典文化，汲取营养，做好文化传承，不断创新，为实现中华民族的伟大复兴做出自己的贡献。

2021 巡讲成果

中职组

天津劳动经济学校
中华优秀传统文化巡讲成果

按照《市委教育工委 市教委关于组织 2021 年天津市中华优秀传统文化系列活动的通知》要求,进一步学习贯彻习近平新时代中国特色社会主义思想,围绕庆祝中国共产党成立 100 周年,大力开展"四史"教育,教育引导广大师生在新时代自觉弘扬践行爱国奋斗精神,做爱国奋斗精神的传承者、党和国家事业的接班人、民族复兴大任的时代新人,增强学生传承弘扬中华优秀传统文化的责任感和使命感,我

校将中华优秀传统文化巡讲活动与党史学习教育紧密结合,深入学习贯彻习近平总书记在党史学习教育动员大会上的重要讲话精神,将党史学习教育在青年中持续深化、不断推进。2021年4月30日下午,学校关工委邀请教育系统关工委夕阳红报告团进校宣讲党史。学校团委组织五十余名青年教师在学校第二会议室举行了"百年光辉历程,百年丰功伟绩"党史宣讲会。

全国五一劳动奖章获得者、红桥区教育系统关工委副主任、天津市教育系统夕阳红报告团成员、原文昌宫民族小学校长魏玉玲以"百年光辉历程 百年丰功伟绩"为主题进行党史宣讲。魏主任从红船起航、革命摇篮——井冈山、二万五千里长征、转折之城——遵义、革命圣地——延安、中央旧址——西柏坡到中华人民共和国成立,带领大家回顾了中国共产党百年历史的重要时期,引用历史事件、革命故事、伟人诗句和红色精神使大家沉浸在感人肺腑的红色故事之中、扣人心弦的党史教育之列,心灵受到强烈震撼。魏主任希望青年教师要牢记

习近平总书记的嘱托,不忘立德树人初心,为党育人、为国育才、不负时代!

宣讲会重温百年征程波澜壮阔、感悟百年初心历久弥坚的同时,教育引导青年教师知史爱党、知史爱国、不忘初心、勇担使命;引导青年教师学史明理、学史增信、学史崇德、学史力行,贯彻落实好习近平总书记对教师的殷殷希望,不忘立德树人初心,牢记为党育人、为国育才使命,不断作出新的更大贡献。

天津市第一轻工业学校
中华优秀传统文化巡讲成果

为进一步学习贯彻习近平新时代中国特色社会主义思想，围绕庆祝中国共产党成立100周年，大力开展"四史"教育，教育引导广大师生在新时代自觉弘扬践行爱国奋斗精神，做爱国奋斗精神的传承者、党和国家事业的接班人、民族复兴大任的时代新人，增强学生传承弘扬中华优秀传统文化的责任感和使命感，天津市第一轻工业学校开展了"薪火相传百年路　青春扬帆正当时"天津市大中小学中华优秀传统文化系列活动，邀请了中国美术家协会会员、天津美术家协会理事、油画艺委会副主任兼秘书长、天津画院原副院长、国家一级美术师郭凤祥老师来校讲座。

2021年9月17日，在同学们殷殷期盼之下，郭凤祥老师为我们带来了题为"青春的记忆　筑梦新时代"的讲座，与其说这是一场讲座不如说这是郭老师为新生代青年们精心准备的互动分享会。会上郭老师首先提问了同学们理想是什么，计划如何实现梦想。在听过同学们的发言之后，郭老师也和同学们分享了自己的少年奋斗历程，从艰辛的求学经历再到立志为绘画创作闯出一片天地的奋斗历程。

郭凤祥老师聊起自己少年时代在苦无老师的条件下学习绘画，大学时代的他在美院学习的却是版画专业,此后,他又为天津油画能在全国争得一席之地而不懈努力,鼓励在如今学习条件这么好的年代学习的同学应该以更饱满的热情来汲取知识、锤炼本领。

郭老师分享的艺术创作历程也深深吸引了青年学生。郭老师在讲到画作《那时我们年轻》的创作心路时说:"这幅作品是我在20世纪90年代初创作的,表达的主题是知识青年上山下乡。画面里放倒的旧水壶、《毛主席选集》、印着'广阔天地,大有作为'的破茶缸、当时极为流行的下乡用行李箱、墙上露出一角的毛主席像全部都是带有强烈时代标签的物品。把它们放在一起,应该能勾起一代人的真实回忆。我非常幸运,我本人也是知识青年,因国家选调留在城市,没有随建设兵团下乡,但我对下乡这件事的感触特别深。此作品,算是一种纪念,纪念一段历史;也是一种情怀,怀念一段青春。"同时在介绍作品《水乡》的时候又聊起了自己将油画的写实和中国画抒意技法融合的创作心境:这不是真实的水乡场景。去过水乡的人都知道,水乡的房屋总是一列一列,能形成很深的巷子,我这两幅水乡并非实景,算是心中的水乡幻境吧。小桥流水人家,常常出现在诗句中,我的水乡里几乎全部涵盖了。同时,在自创景象的同时,我把多年来磨炼出的绘画语言渗入其中,努力让画面更具艺术品格。绘画是要与日俱进的,是要肯思考、有变化的,才能让我们的心中所想变为手中所感。

郭老师的分享意义不仅限于对于梦想启迪奋斗这样一个主题,更重要的还在于对那些觉得艺术遥远的工科学生的一种熏陶。同学们在轻松愉悦的氛围中感受到了艺术作品的魅力,感受到了文艺创作的气息。

会后校园内的文化气息大盛,很多同学报名参与了书画类的社团组织,还带火了手工制作兴趣小组、电脑创作设计小组等兴趣社团,带给天津市第一轻工业学校这所传统工科学校清新的艺术之风。

习总书记在文艺工作座谈会上的讲话中指出:"没有中华文化繁荣兴盛,就没有中华民族伟大复兴。一个民族的复兴需要强大的物质力量,也需要强大的精神力量。"中华民族有着五千年的文明史,近代以前中国曾经是世界强国之一。然而,中华民族的发展进步并非一帆风顺,遇到过无数艰难困苦,但都挺过来、走过来了,一个很重要的原因就是世代中华子孙培育和发展了独具特色、博大精深的中华文化,为中华民族克服困难、生生不息提供了强大精神支撑。历史证明,中华文化使中华民族保持了坚定的民族自信和强大的修复能力,培育了共同的情感和理想追求。每到重大历史关头,文化都能发时代之先声,为人民、为国家增强凝聚力。而今这个重担也来到我们当今青年学子

的肩头,我们深深明白实现中华民族伟大复兴,是我国人民21世纪团结奋斗的伟大目标,同时新时代中华文化的弘扬会继续振奋民族精神,凝聚民族力量,助力伟大目标的实现。

学校是培养人才的场所,培养孩子们的文化自信是学校应该承担起的责无旁贷的义务。要挑起培养有文化自信的社会主义事业接班人的重担,我们就应该从提升学校的文化软实力做起,树立文化自信,建设有浓厚文化氛围、有深刻育人内涵、有突出办学特色、有良好办学效益的人民满意学校。

天津市体育运动学校中华优秀传统文化巡讲成果

文化是一个民族生存发展的重要力量,而中华优秀传统文化是中华民族的"根"和"魂"。传承和弘扬中华优秀传统文化,是推进社会主义文化强国建设、提高国家文化软实力的重要内容。为进一步学习贯彻习近平新时代中国特色社会主义思想,教育引导广大师生在新时代自觉弘扬践行爱国奋斗精神,增强学生传承弘扬中华优秀传统文化的责任感和使命感,努力培养学生积极的人生态度、健康的价值观念,市体校于2021年度开展主题为"薪火相传百年路 青春扬帆正当时"的弘扬优秀传统文化系列活动。

一、提升重视程度,组织安排明确

学校是优秀传统文化教育的主渠道、主阵地,有着先导和示范作用。市体校坚持以习近平新时代中国特色社会主义思想为指导,以"立德树人"为根本任务,立足于学生思想道德修养建设。将中华优秀传统文化教育放在学校教育教学工作的重要位置,坚持将中华优秀传统文化教育贯穿于学校教育的全过程,通过课堂引导、学科渗透、课余活动、文化巡讲等渠道全面开展,在校园内营造热爱优秀传统文化的良好风尚。力求在教书中育人,在育人中教书。

二、精心组织安排,活动形式多样

市体校将弘扬传统文化纳入2021年教育教学计划当中,针对学生新情况、新特点、新常态,开展丰富多彩的教育活动,引导学生增强文化自信和爱国情感,培植教育沃土。

一是营造具有浓厚文化氛围的校园环境。"一所好的学校墙壁也可以说话",市体校充分利用学校现有资源,把中华优秀传统文化教育渗透到校园文化建设中,利用学校电子显示屏、公告栏、教室、宿舍等宣传优秀传统文化,结合我校特色布置名句展板、书法作品。让学生在潜移默化中深刻理解中华优秀传统文化精神和社会主义核心价值观,在全校形成传统文化教育氛围。二是充分发挥课堂教育主渠道作用,加强课程思政。利用语文、历史、思政课等课程资源平台,把中华优秀传统文化贯穿与渗透到各个课程中去。学校组织开展相关讲座、讨论交流会与集体备课,积极转变教育模式,大力挖掘课程中的优秀传统文化精神,如讲仁爱、守诚信、崇正义、尚和合的时代价值。各课程结合实际,进行丰富多彩的主题课堂活动,如语文学科"诵读经典"活动,使课本中的古诗词"活"起来。历史学科结合《国家宝藏》《舞千年》《诗词大会》等热点节目,丰富课本内容,加深学生认识。三是开展优秀传统文化学习活动与比赛活动。开展传统文化教育活动,挖掘文化教育精髓,市体校开展了"围棋的历史与入门"主题讲座,讲座采取线上观看的方式,为学生深入浅出地讲解了围棋的发展历史、基本规则与其中所蕴含的文化哲理,如不得贪胜、慎勿轻速、动须相应等围棋战略思想对学生的学习与生活具有一定指导作用。本次讲座,提升了学生学习传统文化的兴趣,同时也从教育层面提供了指导学生发展的可能性,对学生逻辑思维能力、空间智能的发展起到了促进作用。传统文化教育不仅是书本教育,也是实践教育。我校还开展了书法比赛活动,让学生在静心凝神中感受汉字之美,通过动手、动脑、展示,达到寓教于乐、寓教于活动的目的。此外,市体校积极推进与体博馆的共建工作,为学生提供实践活动的有力场所,加深学生对体育历史、体育精神的思想感悟,促进其成为学生的动力之源、情感之源、信心之源。四是加大优秀传统文化学习力度,开展相关主题班会与升旗仪式。市体校积极推动传统文化进校园,多次开展弘扬优秀传统文化、践行社会主义核心价值观、建设法治校园等主题升旗仪式,利用升旗仪式的集体教育作用,使学生意识到遵纪守法、尊师乐学等优秀传统文化精神的重要性,为学生输送明礼守纪、诚实守信的价值观念,促进学生自觉承担继承与践行优秀传统的义务与责任。同时结合学生特点开展相关主题班会,在班级里形成学史明理增信的良好舆论氛围。五是挖掘体育特色,发挥资源助力作用。市体校因地制宜,结合学校特色,充分利用学校资源,从学生生活入手,推动优秀传统文化传播与发展。日常训练中结合项目发展历史进行爱国教育,学"四史"教育,传统文化精神教育。组织教职工和学生观摩中国文化遗产之一的中国式摔跤项目,学习女排精神,了解天津本地的爱国运动员事迹等,使师生读懂模范楷模的精神,感受榜样的力量,看到前进的方向。激发广大师生爱国情怀与奋斗活力。

三、营造良好氛围,扎实推动开展

在此次"薪火相传百年路　青春扬帆正当时"主题教育活动中,全校师生展现了前所未有的热情,校领导高度重视,积极准备方案,教职工集思广益、进言献策,书法比赛、围棋讲座全员参与。学生热情度高、表现好、收获多。

优秀传统文化凝聚着中华民族自强不息的精神追求和历久弥新的精神财富,是建设中华民族共有精神家园的重要支撑,是发展新时代中国特色社会主义的深厚根基。加强中华优秀传统文化教育,积极践行社会主义核心价值观是学校不可推卸的责任和义务。市体校将在坚持现有教育途径的基础上,积极探索新的教育模式,深入挖掘更多思政内容,不断提高重视程度,踔厉奋发、笃行不怠,为传承中华优秀传统文化,树立学生正心笃志、崇德弘毅人格贡献自己的力量!

天津市劳动保护学校
中华优秀传统文化巡讲成果

2021年11月8日,根据《市委教育工委 市教委关于组织2021年天津市中华优秀传统文化系列活动的通知》要求,我校冯邻溪老师通过校园电视台,为全校学生带来"中国传统文化之民族音乐"专题讲座。

冯邻溪老师从中国民族音乐与传统文化的关系、什么是中国民族音乐、中国民族乐器、中国传统音乐在现代的继承与发展、华阴老腔——中国最早的摇滚乐等方面,和同学们分享了中国民族音乐的有趣知识,带领同学们感受根植于中国悠久的传统文化土壤之中的中国民族音乐文化的无限魅力。

同学们在冯邻溪老师的带领下,认真学习了解了包括宫廷音乐、文人音乐、民间音乐等在内的不同音乐类型,认识了各种各样民族乐器的不同特点。在纵览中国民族音乐历史宏图的同时,也深刻地感受到音乐与文化之间的紧密联系,从而更好地学习中国优秀传统文化,发扬继承我们的民族特色,热爱我们的祖国,弘扬民族精神。

本次讲座,共有三千余名师生通过校园电视台共同观看,讲座内容由浅入深,从学生们喜爱的音乐元素切入,为同学们提供了接触优

秀传统音乐文化的机会和途径。用妙趣横生的音乐故事，激发学生们的学习兴趣。在讲座过程中，班主任老师也引导学生跟随主讲老师播放的经典音乐选段进行合唱，调动学生热爱传统音乐，参与文化传承的热情。

讲座结束后，不少同学展现出对中国民族音乐的探索热情，增强了同学们的民族自信心和文化自信心，在进一步强化我校美育教育成果的同时，营造起学习中华优秀传统文化、弘扬中华优秀传统文化的浓厚氛围。

2021年天津市大中小学中华传统文化系列活动集萃

附录:冯邻溪老师讲座讲稿

中国传统文化之民族音乐

冯邻溪

一、中国民族音乐与传统文化的关系

中国民族音乐有悠久的历史传统,在四五千年前的原始氏族社会中,就产生了原始的歌舞和歌曲,到殷周奴隶主统治的时代,音乐文化已经相当发达。两千多年的封建社会中,音乐不断得到发展。在中国历史上曾经多次出现音乐文化繁荣昌盛的时代。中国民族音乐是中华民族传统文化的重要组成部分,它反映出中华民族的伟大精神,体现了中华民族的情感、意志、力量、幻想和追求。

中国民族音乐文化是根植于中国悠久的传统文化土壤之中,独特的中国传统文化造就了独特的民族音乐。

(点题:学习今天内容,学习民族音乐是为了让我们在座的每一位青少年更好地了解中国文化,发扬继承我们的民族特色,热爱我们的祖国,弘扬中国文化。)

二、中国民族音乐

民族音乐就是产自于民间,流传在民间的,表现民间生活、生产的歌曲或乐曲。中国的民族音乐艺术是世界上非常具有特色的一种艺术形式。中华民族在几千年的文明中,创造了大量优秀的民族音乐文化,形成了有着深刻内涵和丰富内容的民族音乐体系。这一体系在世界音乐中占有重要的地位。我们要认识中国音乐,不能仅仅会唱一些中国歌曲,听几段传统乐曲,还必须从民族的、历史的、地域的角度去考察中国音乐,了解中国音乐,从而真正理解中国音乐的内涵,了解它在世界音乐体系中的地位和历史价值。

中国民族音乐基本上由宫廷音乐、文人音乐、民间音乐等构成。

1.宫廷音乐:一部分是典制性音乐,如各类祭祀乐、凯歌乐、朝会乐等;另一部分是娱乐性音乐,如各种筵宴乐、行幸乐。这两大部分音乐体现了宫廷贵族文化的两个侧面,一是皇权至上自我形象的塑造,二是贵族阶层的精神享乐。

(举例:《霓裳羽衣》舞曲——唐代宫廷乐曲)

2.文人音乐:文人音乐包括古琴音乐与词调音乐,它与书、绘画、诗词共同构成中国传统文化中独特的文人文化,琴、棋、书、画,琴居首位。古琴音乐追求的是超尘脱俗的意境,天人合一的思想,"清、幽、淡、远"的浪漫色彩,这种音乐最符合封建社会的"中和"思想,成为古人修身养性、塑造人格的最好手段。

(举例:《梅花三弄》——相传是晋朝一首笛曲改编古琴曲)

3.民间音乐:民间音乐分为民歌、歌舞、说唱、戏曲、器乐,以综合艺术为主。独特的中国传统文化孕育了独特的民族民间音乐的体裁、形式、风格、内容,成为中国民族音乐的基础。它的表现性在于用艺术形式反映劳动者的力量、态度、志向和审美情趣,它是劳动人民生活状况的直接反映。

(举例:《女驸马》——黄梅戏代表作)

三、中国民族乐器

民族乐器即中国的独特乐器。现一般流行的有琴、筝、箫、笛、唢呐、二胡、琵琶、丝竹、鼓等,是代表着中华传统音乐文化的乐器。

2021年天津市大中小学中华传统文化系列活动集萃

1.古籍记载伏羲作琴,又有神农作琴、黄帝造琴、唐尧造琴等传说。琴是中国古代文化地位最崇高的乐器,有"士无故不撤琴瑟"和"左琴右书"之说,位列四艺"琴棋书画"之首,被文人视为高雅的代表,亦为文人吟唱时的伴奏乐器,自古以来一直是许多文人必备的知识和必修的科目。伯牙、钟子期以"高山流水"而成知音的故事流传至今,琴台被视为友谊的象征。大量诗词文赋中有琴的身影。现存琴曲3360多首,琴谱130多部,琴歌300首。古琴,又称瑶琴、玉琴、七弦琴,是中国传统拨弦乐器,有三千年以上历史,属于八音中的丝。古琴音域宽广,音色深沉,余音悠远。古琴是汉民族最早的弹弦乐器,是汉文化中的瑰宝。

(举例:2008年北京奥运会古琴演奏)

2.唢呐,中国双簧木管乐器。早在公元3世纪,唢呐随丝绸之路的开辟,从东欧、西亚一带传入我国,是世界双簧管乐器家族中的一员,经过几千年的发展,唢呐拥有了独特的气质与音色,已是我国具有代表性的民族管乐器。唢呐在台湾民间被称为鼓吹,在南方是"八音"乐器中的一种,在河南、山东被称作喇叭,传统唢呐有《百鸟朝凤》《豫西二八板》等经典曲目。

高音唢呐发音穿透力、感染力强,过去多在民间的鼓乐班和地方曲艺、戏曲的伴奏中应用。经过不断改良,已发展为传统唢呐与加键唢呐,丰富了演奏技巧,提高了表现力,已成为一件具有特色的独奏乐器,中、低、倍低音唢呐音色浑厚,多用于民族管弦乐团以及交响乐团合奏。

(举例:《好汉歌》——中央民族乐团)

3.历史上的所谓琵琶,并不仅指具有梨形共鸣箱的曲项琵琶,而是多种弹拨乐器,所以说当时的琵琶形状类似,大小有别,像月琴、阮等,都可说是琵琶类乐器。琵琶是中国历史悠久的主要弹拨乐器。经历代演奏者的改进,至今形制已经趋于统一,成为六相二十四品的四弦琵琶。琵琶音域广,演奏技巧为民族器乐之首,表现力更是民乐中最为丰富的。演奏时左手各指按弦于相应品位处,右手戴赛璐珞(或玳瑁)等材料制成的假指甲拨弦发音。大约在秦朝,开始流传着一种圆形的、带有长柄的乐器,因为弹奏时主要用两种方法:向前弹出去叫"批",向后挑起来叫"把",所以人们就叫它"批把"。后来,为了与当时的琴、瑟等乐器在书写上统一起来,便改称琵琶。

(举例:琵琶大师刘德海——《十面埋伏》)

4.中国与美索不达米亚、古埃及、古印度,同为世界上鼓的最早源地。历史上,中国鼓传至邻国,如朝鲜、日本,同时也吸收了许多外来鼓。中原地区以中国传统鼓为主流,边疆少数民族的鼓既受中原传统鼓影响,也受外来鼓特别是阿拉伯与印度鼓的影响。中国传统的鼓多源于中原,秦汉前已有二十余种,虽大小高矮不同,但几乎都是粗腰筒状。当时已用于诗、乐、舞以及劳动、祭祀、战争和庆典之中。从秦、汉到清代,中原地区原有的各种传统鼓几乎都得以保留并有所发展,而以阿拉伯和印度为主的外来鼓,虽然曾在中原长期流行并具有重要的地位,但后期日渐衰落以至失传,仅在文献中留下了一些不详的记载。

(举例:张艺谋电影《长城》片段)

四、中国传统音乐在现代的继承与发展

随着世界经济全球化趋势的不断增强,中国与世界各国之间的交流也变得越来越频繁,当然不仅仅局限于经济贸易往来,也包含了各国之间的文化交流。而我们,就恰巧出生在一个文化大灌流的时代。流行歌曲、重金属摇滚、冰岛后摇、日本动漫主题曲、古典歌剧……千万种声音在延伸入每个人耳道的耳机金属线里奔流不息。

就我国传统文化中的音乐文化来说,特别是中国戏曲文化,除了一些上年纪的人喜欢听之外,绝大多数的年轻人更偏爱一些流行音乐或者一些外文歌曲。由此可见,重视对中国传统音乐文化的继承与发展在当前的社会发展中已经是一个十分重要的任务。

我国是一个历史悠久的国家,拥有着深厚的文化积淀以及多样化的文化形式。通过对中国传统文化的继承与发展,能够让我国的传统文化通过文化交流的形式更好地渗透到其他国家的文化中,更好地适应当前世界文化多元化的发展趋势,加强与世界各国之间的文化交流。

"文化是民族的血脉,是人民的精神家园。""中华民族伟大复兴必然伴随着中华文化繁荣兴盛。"党的十七届六中全会通过的《中共中央关于深化文化体制改革推动社会主义文化大发展大繁荣若干重大问题的决定》,开篇和结语如是宣示。而且,明确地指出:"没有文化的积极引领,没有人民精神世界的极大丰富,没有全民族精神力量的充分发挥,一个国家、一个民族不可能屹立于世界民族之林。"

(举例:国外古筝演奏)

结尾:华阴老腔——中国"最早的摇滚乐"

华阴老腔是明末清初,陕西省华阴市,久为华阴市双泉村张家户族的家族戏(只传本姓本族,不传外人)。其声腔具有刚直高亢、磅礴豪迈的气魄,非常追求自在、随兴的痛快感,听起来颇有关西大汉咏唱大江东去之慨,此类表演方式也被誉为黄土高坡上"最早的摇滚乐"。

2006年,华阴老腔已入选首批国家级非物质文化遗产名录。2016年,谭维维因电影《白鹿原》与华阴老腔艺术结缘,和华阴老腔的老艺人们在央视春晚上为观众带来一首《华阴老腔一声喊》。

天津市中华职业中等专业学校
中华优秀传统文化巡讲成果

中华职专为深入贯彻习近平新时代中国特色社会主义思想，围绕庆祝中国共产党成立100周年，增强学生传承中华优秀传统文化的责任感和使命感，借校园文化艺术节来临之际，开展以"传承国粹 共创未来"为主题的中华优秀传统文化巡讲活动。此次巡讲，学校邀请了天津市曲艺团京韵大鼓名家、天津市未成年人思想道德建设先进工作者夏炎老师，为学生们做了生动直观的主题讲座。讲座分为理论和实践两场进行。

一、活动铺垫

开展以"弘扬传统文化 坚定民族自信"为主题的升国旗仪式。学生代表向全校师生发出倡议：1.从我做起、从自身做起，提高弘扬中华民族传统文化的意识，加强自身文化修养以及对中国历史文化的学习，多了解有文化底蕴的中国传统文化，只有熟悉自己的民族文化才能更好地弘扬和保护民族传统文化。2.从我做起，加强对民族传统文化的宣传，一方面多向亲朋好友宣传弘扬民族传统文化的重要性与必要性；另一方面利用学校开展的社团活动与学生会积极配合定期开展弘扬民族传统文化的活动或者班会,并且可以通过制作板报、壁报、海报和手抄报等宣传手段,让同学们在校园中形成一种弘扬民族传统文化的氛围。

为巡讲做好预热,提前筛选出一部分对中华传统曲艺感兴趣的学生代表,为巡讲时的互动环节做准备。

向我校的党员教师、青年教师和部分爱好传统文化艺术的老教师发出邀请,邀请老师们参与本次的巡讲活动。

二、活动开展

我校分两场开展巡讲活动,时间定在11月22日、24日。第一场,夏老师首先阐述了戏曲和曲艺是两种不同的艺术表现类别。然后重点讲解了鼓曲文化的发展历史背景、特点和疫情期间作品《战瘟神》的创作过程。最后给同学们布置了课外作业,要求同学们利用业余时间搜

集京韵大鼓的相关材料，多听多看，提高同学们对京韵大鼓这门曲艺的认知度。这也为11月24日的第二场巡讲做好了铺垫。11月24日，同学们早早来到会场等待夏老师的精彩巡讲。有些同学还特意坐到了前排，期待着能上台尝试。第二场巡讲以实践互动为主，夏老师在现场表演之前都会声色并茂地给同学们讲解表演选段的历史背景和唱词，让同学们在欣赏的同时将中国悠久的历史及优秀的人物入耳入心。京韵大鼓《百山图》选段，描绘的是华夏大地上的百座名山，有源于神话

传说的、有源于历史典故的,借大鼓艺人之口娓娓道来,如同在听者面前展开一幅水墨山水画卷,令人神往,同学们对祖国大好河山的热爱之情便油然而生。夏老师所讲的每一个生动有趣、感人的故事都蕴藏着深厚的人生道理,同时也激发了同学们对中华鼓曲的浓厚兴趣,纷纷上台在夏老师的指导下尝试了京韵大鼓的唱腔和动作。最后,夏老师与我校的崔健霖同学合作为大家表演了《赵云截江·盔甲赞》。表演之前,夏老师又详细讲解了曲艺现场表演时在什么时间节点、用什么方式喝彩来表达对台上表演者的尊重,使同学们懂曲艺识礼仪。在整个巡讲过程中处处渗透着中华民族的优秀传统。巡讲结束,全场师生们报以热烈的掌声,很多同学上台表示自己对京韵大鼓产生了深厚的兴趣,询问以后去什么地方可以听曲艺。此次巡讲活动,让学生们在轻松愉悦的氛围中,全身心地感受传统曲艺的艺术魅力。中华职专聘请夏炎老师为我校中华优秀传统文化(京韵大鼓)的特聘专家。

三、活动延伸

围绕主题,挖掘人才。巡讲活动虽已圆满结束,但巡讲带来的热度还在持续升温。学校趁热打铁,于11月开展"积前人之学 浴墨林之风"书法、绘画比赛,现已上交部分优秀作品。12月开展"天生我才成就未来"中华传统文化展演以及以"诵经典 品书香 塑人格"为主题的中华经典诵读比赛。

搞好宣传发动工作,为推送优秀人才做好准备。德育处、专业部、学校广播站、校园网、公众号起到宣传阵地作用,千方百计调动学生的积极性、创造性,增强活动的实效性,扩大学生的参与面,争取让每位同学都参与到活动中,使学生在学校开展的中华优秀传统文化的普及活动中得到教育和熏陶,真正成为一名中华优秀传统文化的传播者和接班人。

  中华优秀的传统文化是中华民族永远不能离别的精神家园。源远流长的曲艺文化,是历史长河中经久不衰的瑰宝。我校通过开展中华优秀传统文化进校园巡讲活动,既丰富了学生的课余文化生活,又开拓了学生的视野,让师生都感受到了中国传统文化的博大精深。

天津市红星职业中等专业学校中华优秀传统文化巡讲成果

党的十八大指出"建设优秀传统文化传承体系""完善中华优秀传统文化教育"。2014年,教育部发布《完善中华优秀传统文化教育指导纲要》等文件,提出培育和践行社会主义核心价值观要立足中华优秀传统文化,并对教育体系的构建提出了若干重要的要求。我们坚持以上述文件要求和讲话精神为指导,顺应时代变化和发展趋势,以培养学生核心素养、工匠精神,培育和践行社会主义核心价值观为目标,红星职专在2013年2月至2014年7月,建设了符合职业学校特色的"一主干多模块""精准灌溉"的多层次中华优秀传统文化课程体系,实施了"五位一体"教学模式,形成了"传承基因,精准灌溉"的中华优秀传统文化教学体系。

构建"传承基因,精准灌溉"的教学体系,就是以"中华优秀传统文化教育"为主题,开设多种类型课程,针对学生学习程度采取分层分类教育方式。实施"依托两个教学载体,开设三种教育课程,组建三级师资团队,采用三层评价模式,实现一个培养目标"的"五位一体"教学模式。"一个培养目标":铸信念,强自信,育素养,提素质。"两个教学载体":中药标本馆、生命科学馆、中华优秀传统文化体验基地等硬件载体,校园文化氛围、德育特色活动、专业教育等软件载体。"三种教育课程":校本课程、渗透课程、活动课程相结合。"三级师资团队":教师团队包括一线及德育教育专职教师、社区辅导员团队、学生讲师团。"三层评价模式":对管理人员评价、对教学人员评价、对学生评价。

该教学体系现已在学校教育教学实践中运行了六年,有效地激发了学生学习优秀传统文化的积极性和内在动力,为培养他们核心素养和精益求精的工匠精神,引导他们坚定走中国特色社会主义道路、实现中华民族伟大复兴中国梦的理想信念奠定了坚实基础。党的十九大报告中习总书记指出:"深入挖掘中华优秀传统文化蕴含的思想观念、人文精神、道德规范,结合时代要求继承创新,让中华文化展现出永久魅力和时代风采。"为承担新的使命,该成果进入了以"互联网+"为方向的学科化建设研究阶段。

结合学校实际和职业教育特色,红星职专开设以社团教育方式为主的选修课程。通过国学、礼仪、相声、舞蹈、声乐、历史、书法等多种社团的学习培训,拓宽传统文化选修课程覆盖面。另外,通过学科组教研的形式,研讨并实施了在学科课程教学环节中渗透传统文化教育,使学生能够在专业课程的学习中潜移默化地吸收中华优秀传统文化的营养。

依托德育处、团委等部门,充分利用校内外各种资源,开展丰富多彩的专题教育活动。多年来开展了"经典诵读比赛""民族精神教育""学雷锋活动""清明节祭扫""感恩教育""工匠精神作品展""道德讲堂"等主题教育活动,涉及座谈会、知识竞赛、作品征集展览、主题班团课、宣誓仪式、风采展示等多种方式。同时,邀请传统文化专家、社区宣讲员进校园、进课堂,利用区域内纪念馆、档案馆、展览馆等育人场所,组织学生走出校园学习。不仅丰富了教育形式,也发挥了其独特的文化育人作用。

以德育、语文、医药、康复、书法等学科的骨干教师以及德育教育专职干部、教师为主体,成立了研究团队。围绕建设内容,结合职业教育要求、中职学生特点研究确定适合中华传统文化课程体系建设的模式、原则和方法。

从教师队伍中挑选了一批有历史文化特长、热爱传统文化教育的教师,进行集中培训,形成一级教师团队;通过邀请李希元、魏索库等社区宣讲员,学校劳模工作室成员,校外民间艺人、技艺大师等人员参与课程教育教学,形成二级教师团队;通过培养在传统文化方面学艺精、有特长的学生成立"学生讲师团",形成三级教师团队,共同构成我校中华优秀传统文化多元师资团队力量,为高质量开展该课程教育打

下坚实基础。

为了更好地落实传统文化教育要求,服务专业建设,培养提升学生素养,学校建成了中药标本馆、生命科学馆、中华优秀传统文化体验基地等实训场馆。学生可以通过实地考察、互动体验的方式学习传统文化,不仅激发学生的学习兴趣,也为他们学习和热爱传统文化找到一个很好的切入点。

为进一步学习贯彻习近平新时代中国特色社会主义思想,围绕庆祝中国共产党成立100周年,大力开展"四史"教育,教育引导广大学生在新时代自觉弘扬践行爱国奋斗精神,做爱国奋斗精神的传承者、党和国家事业的接班人、民族复兴大任的时代新人,增强学生传承弘扬中华优秀传统文化的责任感和使命感,我校响应上级文件要求于2021年10月14日举办了"传统书法之美"专题演讲活动。邀请了王玉明老师主讲,学生代表二百余人在报告厅聆听,其余班级同学在分

会场收听。王老师讲解了传统书法的分类,简介了书法字体的演变历史,向同学们展示了历来书法大家的著名作品。学生们沉迷在书法之美中,部分同学还在演讲结束后进行了书法写作。虽然学生们的书法作品还比较稚嫩,但学生们勇于展示、勤学书法的意识已被启蒙发芽,相信我国传统书法之美会在学生中持续发扬光大。

2021 巡讲成果

书法实践活动

2021"初心志不渝 翰墨书百年"
庆祝建党100周年主题书法实践活动获奖作品

2021"初心志不渝 翰墨书百年"
庆祝建党一百周年主题书法实践活动获奖作品在多个学校展出

大学组

一等奖

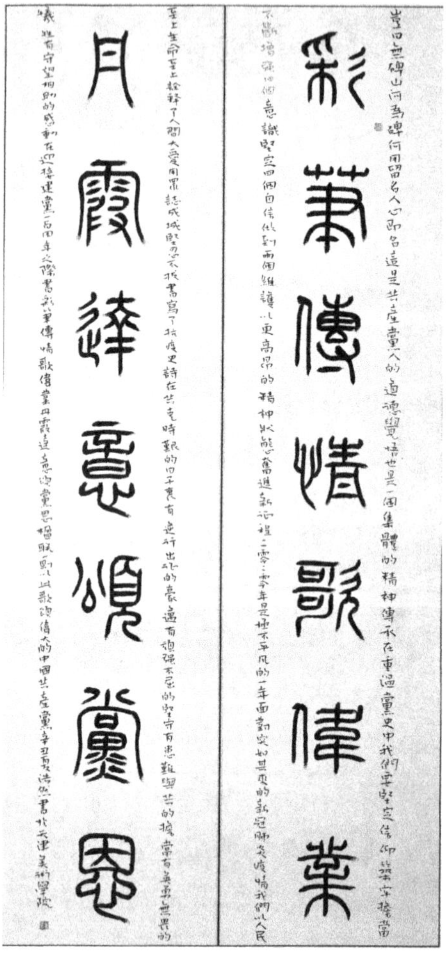

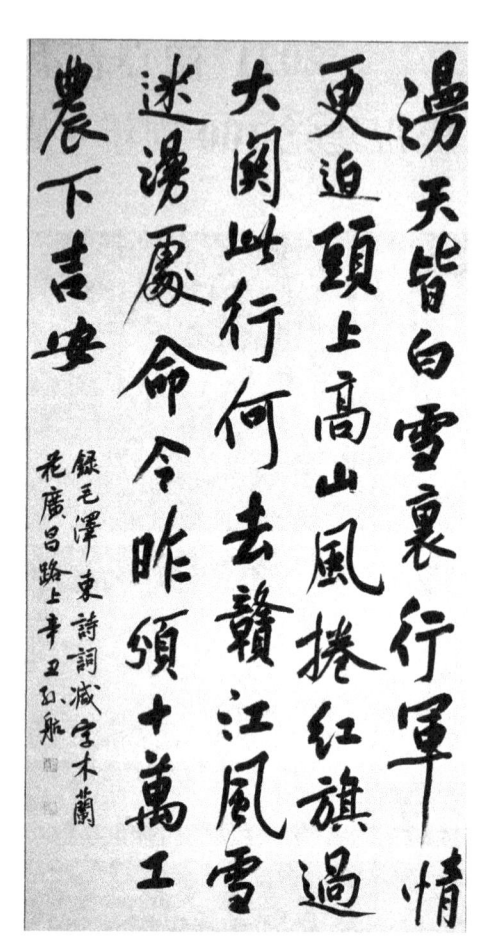

天津美术学院

孙航 《减字木兰·花广昌路上》

天津美术学院

孙浩然 《颂党楹联一则》

二等奖

天津科技大学
王钰霖 《忆秦娥·娄山关》

天津师范大学
石松阁
楷书节录《中国共产党章程总纲》

天津师范大学
焦滟雁 《菜根谭》

天津师范大学
田钟禹 《建党百年七言楹联》

2021 巡讲成果　书法实践活动

天津滨海汽车工程职业学院
马嘉鑫　《锦程》

天津理工大学
庄衍浩　《清平乐·会昌》

261

2021年 天津市大中小学中华传统文化系列活动集萃

天津机电职业技术学院
牟奕凡 《滕王阁序》

天津职业技术师范大学
刘文赫 《七律·人民解放军占领南京》

三等奖

天津美术学院
张洪帅 《红星万众联》

天津美术学院
张荣赫 《庆建党百年》

2021年 天津市大中小学中华传统文化系列活动集萃

天津美术学院

张少勃 《南湖北斗楹联》

天津职业技术师范大学

汪彦 《庆建党百年》

2021 巡讲成果　书法实践活动

天津职业技术师范大学
韩奎旭　《采桑子·重阳》

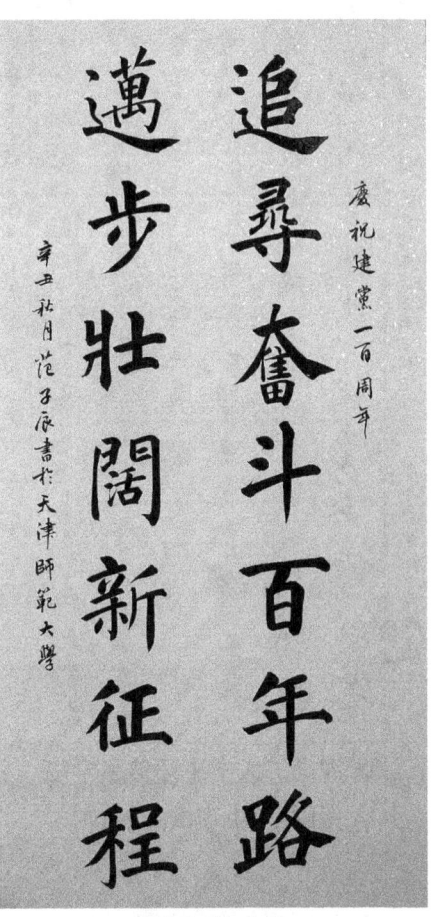

天津师范大学
范子辰　《追寻》

2021年 天津市大中小学中华传统文化系列活动集萃

天津理工大学中环信息学院
韦耀 《小窗幽记》数则

天津城市建设管理职业技术学院
赵中吉
《庆祝中国共产党成立一百周年》

2021 巡讲成果　书法实践活动

天津城市建设管理职业技术学院
谢冬冬　《水调歌头·重上井冈山》

天津艺术职业学院
冯天琪　《玄怪录》节选

2021年 天津市大中小学中华传统文化系列活动集萃

天津艺术职业学院
孙自平 《世上只要》对联

天津滨海汽车工程职业学院
张月莹 《恭祝建党一百周年》

2021 巡讲成果　书法实践活动

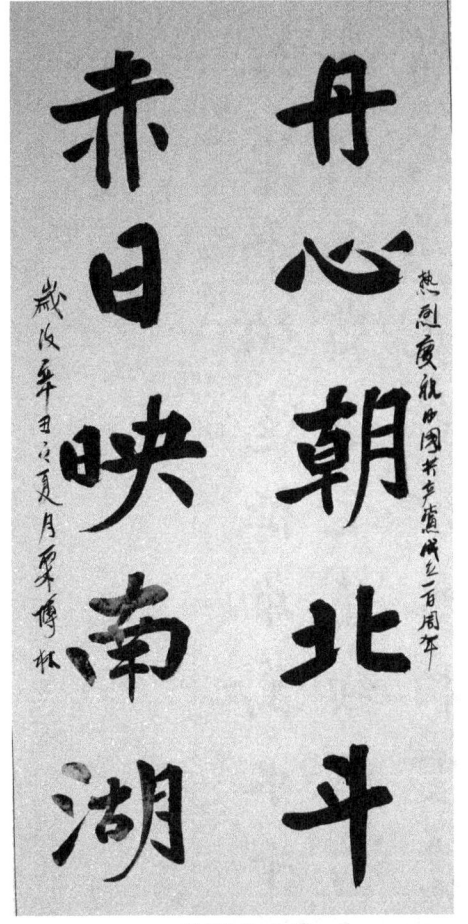

天津职业大学
栗博林　《颂建党100周年对联》

天津渤海职业技术学院
李畅　《水调歌头·重上井冈山》

红军不怕远征难,万水千山只等闲。五岭逶迤腾细浪,乌蒙磅礴走泥丸。金沙水拍云崖暖,大渡桥横铁索寒。更喜岷山千里雪,三军过后尽开颜。

敬录毛主席诗词七律长征 辛丑夏月刘婧书

天津理工大学
韩刘婧 《七律·长征》

中学组

一等奖

滨海新区
赵万佳 《百年征程，波澜壮阔》

河西区
刘思彤 《陋室铭》

二等奖

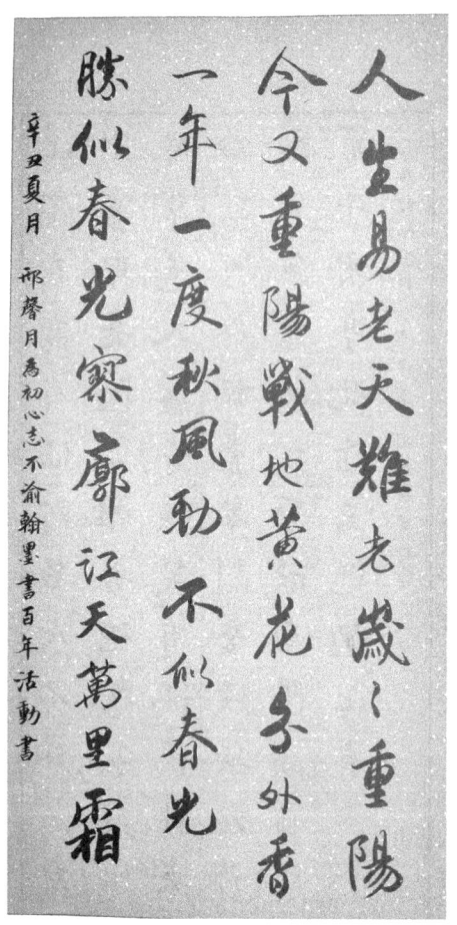

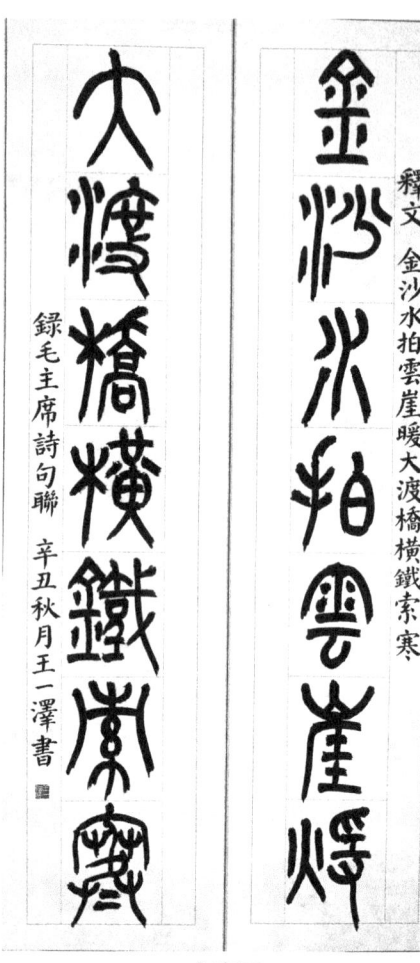

河北区
邢馨月 《采桑子·重阳》

武清区
王一泽 《金沙大渡毛泽东诗句联》

2021 巡讲成果　书法实践活动

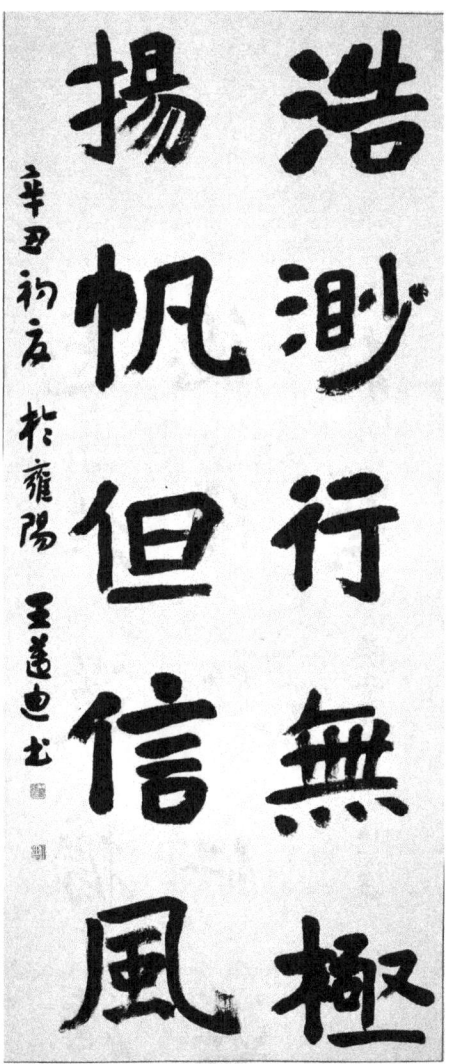

武清区
王迈迪　《浩渺行无极》

静海区
元译晨　《师说》

273

滨海新区
闫雨晨 《伟人风采》

滨海新区
任冠鑫 《论语·述而》节录

2021 巡讲成果 书法实践活动

北辰区
耿子尧 《人生三境界》

南开区
郑宏飞 《七律·送瘟神》

三等奖

南开区
陈迪凡 《沁园春·雪》

北国风光，千里冰封，万里雪飘。望长城内外，惟余莽莽；大河上下，顿失滔滔。山舞银蛇，原驰蜡象，欲与天公试比高。须晴日，看红装素裹，分外妖娆。江山如此多娇，引无数英雄竞折腰。惜秦皇汉武，略输文采；唐宗宋祖，稍逊风骚。一代天骄，成吉思汗，只识弯弓射大雕。俱往矣，数风流人物，还看今朝。

南开区
冯宸浠 《伟大的旗帜》

2021 巡讲成果　书法实践活动

南开区
王唯瀚　《水调歌头·重上井冈山》

滨海新区
东美萱　《长征草地》

277

2021年 天津市大中小学中华传统文化系列活动集萃

滨海新区
刘然 《楷书中堂》

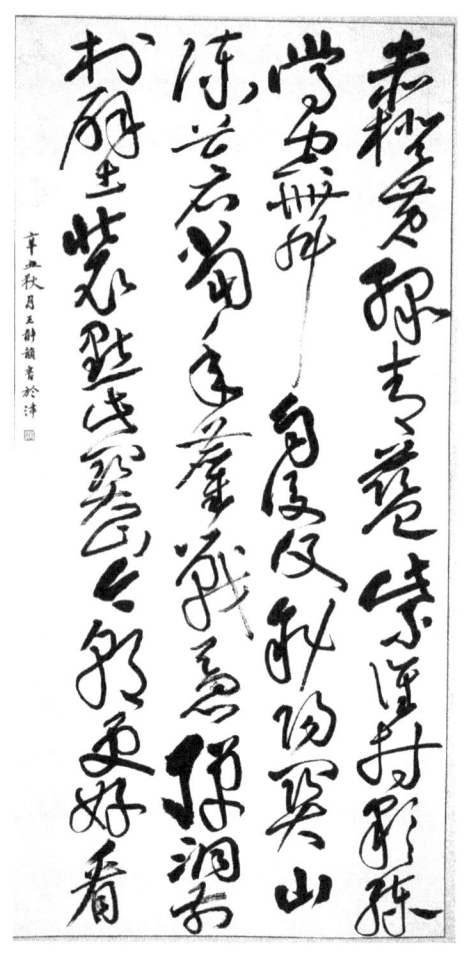

河北区
王静韵 《菩萨蛮·大柏地》

2021 巡讲成果　书法实践活动

河北区
单筱萌　《中国共产党成立》

河西区
李郁　《艰难方显勇毅》

279

2021年 天津市大中小学中华传统文化系列活动集萃

津南区

吕晓晗 《民安国泰逢强世》

红桥区

张令臣 《庆建党百年》

2021 巡讲成果　书法实践活动

红桥区
王婉祯 《沁园春·雪》

北辰区
邢鹤宝 《沁园春·雪》

北國風光，千里冰封，萬里雪飄。望長城內外，惟餘莽莽；大河上下，頓失滔滔。山舞銀蛇，原馳蠟象，欲與天公試比高。須晴日，看紅裝素裹，分外妖嬈。江山如此多嬌，引無數英雄競折腰。惜秦皇漢武，略輸文采；唐宗宋祖，稍遜風騷。一代天驕，成吉思汗，只識彎弓射大雕。俱往矣，數風流人物，還看今朝。辛丑夏劉雨辰書

河东区
刘雨辰 《沁园春·雪》

百年風雨見證神州驚天變夏盛世興千載滄桑開創華 翰墨丹青頌黨恩 辛丑陳天昊書

宝坻区
陈天昊 《百年千载联》

2021 巡讲成果　书法实践活动

宝坻区
张高垚　《菩萨蛮·黄鹤楼》

东丽区
焦荷　《七律·人民解放军占领南京》

北国风光，千里冰封，万里雪飘。望长城内外，惟余莽莽；大河上下，顿失滔滔。山舞银蛇，原驰蜡象，欲与天公试比高。须晴日，看红装素裹，分外妖娆。

江山如此多娇，引无数英雄竞折腰。惜秦皇汉武，略输文采；唐宗宋祖，稍逊风骚。一代天骄，成吉思汗，只识弯弓射大雕。俱往矣，数风流人物，还看今朝。

沁园春·雪 毛泽东

庆祝建党一百周年
辛丑桃月 王志俊

宁河区
王志俊 《沁园春·雪》

一等奖

中职组

二等奖

天津市幼儿师范学校
廉子月
节录《习近平总书记讲话》

天津市幼儿师范学校
朱鹤君
《百年伟业，千秋春晖》中堂

2021年 天津市大中小学中华传统文化系列活动集萃

三等奖

天津市幼儿师范学校
吕恬恬 《七律·到韶山》

天津市幼儿师范学校
李佳晴 《元代王冕七绝诗》

天津市劳动保护学校
司竣 《习近平论述》

天津市第一轻工业学校
朱诗宇 《颂党赞诗》

小学组

一等奖

和平区
乔纪淳 《陆游 关山月》

和平区
王洵赫 《滕王阁序》节选

二等奖

静海区
梁晓语　节录《红船赋》

西青区
高浩淋　《师说》节选

北辰区

王雨渲 《沁园春·雪》

蓟州区

高子涵 《卜算子·咏梅》

2021 巡讲成果　书法实践活动

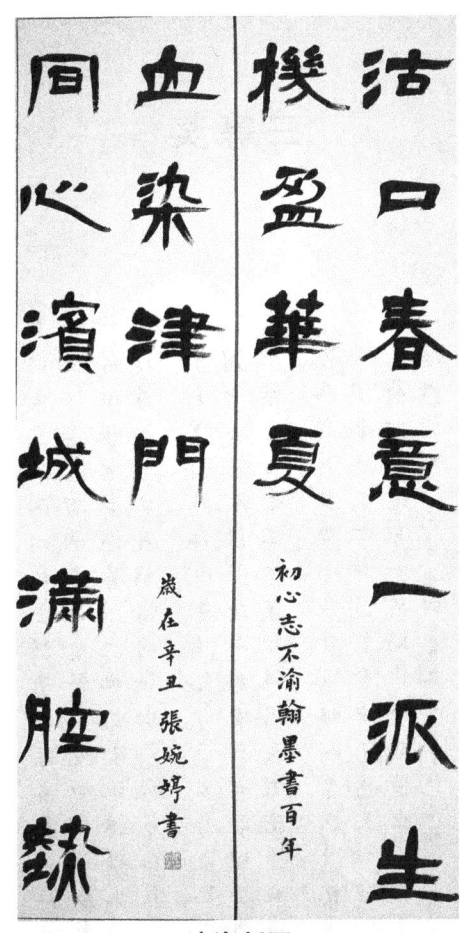

滨海新区
张婉婷　《隶书对联》

武清区
张秦华　《沁园春·雪》

三等奖

宝坻区
吴铮 《百年华夏联》

北辰区
高涵裕 《毛主席诗词》

2021 巡讲成果　书法实践活动

和平区
王雪瑶　《七律·长征》

和平区
杜纪霖　《水调歌头·重上井冈山》

2021年 天津市大中小学中华传统文化系列活动集萃

和平区

李桥溪 《不忘初心》

南开区

宋子萱 《沁园春·长沙》

2021巡讲成果　书法实践活动

南开区
冯墨一　《七律·人民解放军占领南京》

宝坻区
张子勋　《沁园春·雪》

2021年 天津市大中小学中华传统文化系列活动集萃

宝坻区
张浩宇 《颂歌献党》

武清区
何家乐
《博以诗书》

2021 巡讲成果　书法实践活动

红桥区
杜昊洋　《沁园春·雪》

蓟州区
孟子儒
《情颂党恩》

西青区
宋湘琪
《行而不舍》

津南区
张津豪 《建党100周年,民族篇》

滨海新区
贾世城 《七律·长征》